AF451762

1435

LA VIE

ILLVSTRE ET EXEMPLAIRE DV PARFAIT RELIGIEVX, DANS LE CLOISTRE ET DANS LA COVR:

Practiquée par le Reu. Pere FRANÇOIS FERNANDEZ, Cordelier Obseruantin, Confesseur de la Reyne Tres-Chrestienne Anne Maurice d'Austriche :

Contenant plusieurs choses, belles, deuotes, doctes, & remarquables; vtiles aux Ames qui professent la haute & sublime vertu.

DEDIEE A SADITE MAIESTE',

Par le R. P. F. CHARLES MAGNIEN, Religieux du mesme Ordre, Docteur en Theologie de la Faculté de Paris, & Vicaire au grand Conuent des Peres Cordeliers de la mesme Ville.

Beatus vir, qui inuentus est sine macula, & qui post aurum non abiit, quis est hic, & laudabimus eum? *Ecclesiastici* 31.

A PARIS,

De l'Imprimerie d'ESTIENNE PEPINGVE', ruë de la Harpe, au dessus de Sainct Cosme, au Bras d'Hercule.

M. DC. LIV.

Auec Approbation, Permission, & Priuilege.

A LA REINE

TRES-CHRESTIENNE.

ADAME,

Puisque Voſtre Majeſté fait re-
uiure par ſes brillantes Vertus &
actions heroïques, la gloire des plus
auguſtes Monarques de l'Europe,
ſes Ayeuls & Alliez; ſpecialement
le cœur genereux du grand Empe-
reur Charles-Quint; la conſtance
& prudence d'vne vertueuſe Me-
re de Sainct Louys, la Reyne Blan-

ã ij

EPISTRE.

che; la deuotion & sage œconomie spirituelle & temporelle des grandes sainctes Elizabeths. I'espere qu'elle aura assez de pieté pour agreer & me permettre que ie fasse aussi reuiure par ce petit Ouurage, & sous l'estendard de son azyle Royal, la glorieuse memoire de son defunct Pere Confesseur, declarant & publiant hardiment la candeur de son Ame, l'innocence de ses mœurs, & la saincteté de sa vie. Car, MADAME, les saincts & religieux exercices de deuotion que Vostre Majesté pratique continuellement dedans & dehors la closture, sous la protection speciale de l'illustre Patriarche S. Benoist & de nostre Seraphique Pere Sainct François; & qu'elle cache par la prudence de son auguste Majesté; donnent assez

à connoistre l'horreur qu'elle conçoit
auec le Grand & Sage Roy Salo-
mon, contre ces impies. lesquels fai-
sans vne eschange vsurier de la foiblesse & ignorance de leurs esprits
à la force des plus puissans & plus
sages hommes de la terre ; flattent
les viuans, & se mocquent des defuncts ; ou parce que l'ame raison-
nable perit auec le corps comme celles
des brutes (disent quelques-vns)
ou parce qu'en quelque lieu que soïet
les morts, ils n'ont point de com-
merce auec les viuans, pour auoir
besoin d'vn souuenir mutuel (disent les autres :) neantmoins,
MADAME, vostre Majesté leur
persuade assez le contraire par la
Religion Chrestienne qu'elle professe
auec tant de zele & de ferueur, que
que s'ils la regardoient comme le

EPISTRE.

Nort de leur croyance, ainſi qu'ils ſont obligez de l'honorer en qualité de Souueraine & Mere tres-digne de leur Roy legitime, ils arriueroient heureuſement au port de ſalut.

Il eſt vray (MADAME) que les meſchans eſtans effacez du Liure de Vie, ny Dieu ny les hommes veulent en auoir le ſouuenir que par des execrations & maledictions; mais la mort n'eſtant que le paſſage d'vne vie caduque & miſerable à vne eternelle, douce & glorieuſe: Dieu commande, & la raiſon le dicte, que ceux qui viuent & meurent en gens de bien, ſoient propoſez aux ſuruiuans pour modele & exemple de leur vie, afin de les encourager à ſuiure leurs traces, combatans genereuſement contre les chocs & aduerſitez de ce monde, et à

EPISTRE.

remporter comme eux les couronnes
de gloire immortelle. Les Payens
mesmes esclairez de la seule lumiere naturelle, raisonnoient mieux
que ces impies. Le Philosophe So-
lon disoit autrefois à l'opulent &
riche Roy Cresus, qu'il le recon-
noissoit tres-puissant Monarque,
mais non heureux qu'apres vne
bonne & honneste mort, laquelle
seule rendoit les hommes heureux &
dignes de loüange. Vn autre dist à
Alexandre le Grand qu'il estoit
malheureux auec toutes ses grandeurs & richesses, dautant qu'il
n'esperoit pas vne vie celeste apres
celle-cy, laquelle toutefois meritoit
l'estime de la vraye gloire, & la
memoire immortelle.

C'est pour ce sujet (MADAME)
que la pieté de vos Catholiques An-

EPISTRE.

ceſtres, ſuiuant les Loix & religieuſes ceremonies de l'Egliſe, s'eſt portée
auec tant d'ardeur à ſolliciter & ap-
puyer la beatification & canonization des Sainǫts, comme Philippes
ſecond voſtre pere-grand (d'heureuſe memoire) a par ſon authorité &
munificence royale procuré celle de
ſainǫt Didace, l'vn des Protecǫteurs
de ſa Couronne.

C'eſt auſſi pour la meſme raiſon
que Voſtre Majeſté a teſmoigné
tant de zele à faire mettre en lumiere les illuſtres actions des ames
victorieuſes, & particulierement
celles de la Bien-heureuſe Mere
Marguerite d'Arbouſe, dite de
Sainǫte Gertrude, dont la memoire
eſt ſainǫtement obſeruée en voſtre
tres-regulier & tres-deuot Mo-
naſtere du Val de Grace.

EPISTRE.

Si donc (MADAME) Voftre
Majefté eft ſi ſainctement perſua-
dée, qu'il ne faut pas enſeuelir auec
les corps la memoire des glorieuſes
actions & ſublimes vertus de ceux
qui meurent dans l'eſtime extraordinaire de tres-parfaits Chreſtiens;
Ie dois me promettre auec aſſeurance vn accez fauorable à ſes pieds,
& ſa royale protection en vne en-
trepriſe ſi juſte & ſi ſaincte, qu'eſt
la preſente ; tant pour la defendre
contre l'enuie & calomnie de ceux
qui deſapprouuent tout ce qui ne
ſort point de leur genie, & n'eſtiment
que leurs propres ſentimens; qu'auſſi
pour luy donner la ſplendeur dont
elle a beſoin pour couurir les defauts
de l'Autheur.

Ie paſſe ſous ſilence l'hiſtoire entiere du preſent ſujet, & certaines

EPISTRE.

actions des plus memorables & mi-
raculeuses, dautant qu'elles requie-
rent plus de temps pour vne exacte
& authentique instruction.

Ce n'est seulement qu'vn crayon
& petit abregé dela vie illustre, des
vertus exemplaires & des sainctes
prieres de vostre fidel Directeur
dont vostre Majesté a eu l'experience l'espace de 37. ans; & moy
(quoy qu'indigne) depuis 27. tant
en l'honneur de sa saincte conuersation, qu'en son pays natal, auec les
Religieux de sa Prouince & de son
âge, & auec ses plus proches parens.

Mais, MADAME, personne
ne peut nier que ce ne soit pour Vostre Majesté vn sujet de tres-
grande consolation, & vne marque
singuliere de benediction celeste, en
ce que Dieu a donné la conduite

EPISTRE.

de voſtre conſcience, à deux Directeurs ſi parfaits & vertueux, que
la felicité eternelle du premier (le
Pere François de Arriua) a eſté
reuelée à la Bien-heureuſe Mere
Louyſe de Carrion, & confirmée
apres ſa mort, par l'incorruption
de ſon corps, demeuré entier contre
l'ordinaire de tous les autres enter-
rez dans le meſme lieu.

Celle du ſecond (ſçauoir du
Pere Fernandez) paroiſt par la
conſommation glorieuſe d'vne vie
pleine de vertus heroïques & d'a-
ctions exemplaires eſleuées à vn ſi
haut degré de perfection, qu'on peut
iuſtement les regarder comme lumieres brillantes expoſées au public.

De plus, MADAME, Voſtre
Majeſté doit conceuoir vne grande
joye en ſon cœur, conſiderant qu'elle

EPISTRE.

a maintenant dans le Ciel pour Protecteur celuy qu'elle a eu cy-deuant pour tesmoin & admirateur de ses vertus; lequel depose deuant le Tribunal de la diuine Majesté la grandeur de vostre pieté, humilité & patience: celuy, dis-ie, qui a esté Spectateur de vos trauaux pour la conseruation de l'authorité Royale donnée du Ciel à vostre cher Fils dés sa naissance, & qui par vn effet de compassion a tant souffert de corps & d'esprit en ces funestes occasions: Estant maintenant dans vn estat de charité parfaite, comblé de gloire immortelle, ne peut manquer de demander l'heureuse conseruation de vos Royales Personnes, & de celle de Monseigneur le Duc d'Anjou, lesquelles il a aimé & honoré au souuerain degré. Et comme il a ensei-

gné à Vostre Majesté le chemin du
Ciel, y estant allé le premier en qualité de Conducteur, il luy retiendra
vne place auantageuse par ses prieres ; & attendant de vous y voir
comblée de gloire, il priera pour
l'heureux succez de vos sages &
prudens conseils, comme ils ont toû-
siours paru, nonobstant l'enuie &
ambition des inconstans & rebeles.

Enfin, MADAME, Vostre
Majesté sçait qu'il m'a seruy de
Pere par le moyen de vos libera-
litez & Royale Protection : &
par consequent, elle me condamne-
roit iustement d'ingratitude, si ie
n'honorois sa memoire par vne de-
position publique des rares & sublimes perfections que i'ay reconnu en
sa personne pour le bon exemple &
l'vtilité des Sainctes Ames, comme

EPISTRE

außi, ie meriterois les plus griefues
peines d'injuſte et de méconnoiſſant,
ſi ie ne conſacrois aux pieds de Voſtre Majeſté cet ouurage qui luy
appartient, tant à cauſe de cette ame
illuſtre de tous poincts, dont il s'a-
git, que pour la grandeur des graces
et faueurs infinies que i'ay receu de
Voſtre Majeſté. Agreez donc,
MADAME, et receuez benigne-
ment ce precieux threſor de vertus,
et cet offre de joye celeſte auec les proteſtations que renouuelle en ce commencement d'année,

MADAME,

De Voſtre Majeſté,

Le tres humble, tres fidel &
tres-obligé ſujet & ſeruiteur,
F. CHARLES MAGNIEN.

AV LECTEVR.

CHER LECTEVR,
Comme il eſt defendu de crier victoire auant bataille gagnée; auſſi eſt-il ordonné par les loix diuines & humaines de chanter le *Te Deum* apres le triomphe. Tandis que l'homme eſt expoſé au combat de cette vie militante, Dieu defend de le loüer comme heureux, attendu qu'il peut en vn moment faire naufrage; mais auſſi quand il a franchy courageuſement le dernier pas du danger, & qu'il a glorieuſement vaincu & terraſſé le monde, la chair, & le Demon. Le S. Eſprit cõmande (ainſi qu'il conſte en pluſieurs endroits de l'Ancien & Nouueau Teſtament) de

pulꞁier ſes loüanges , de raconter ſa ſageſſe & prudence , d'eſcrire non ſeulement ſur les Tables des cœurs , mais encore ſur les lames de cuivre & de bronze , & ſur le papier & parchemin ſon nom & ſes actions ſignalées , faiſant vn recueil de ſes vertus , & des choſes remarquables de ſa vie , par leſquelles il s'eſt rendu recommandable ; pour donner de la conſolation , de l'ardeur , & de l'eſperance à ſes amis & aux autres ſuruiuans. C'eſt ce qui m'a porté par vn iuſte debuoir de conſcience ; de mettre en lumiere la la vie illuſtre , les mœurs exemplaires , & ſaincts exercices (non entierement , mais par forme d'abregé & de diſcours ſuccinct) d'vn des plus parfaits Religieux Courtiſans de ce ſiecle , le Pere François Fernandez. Ie n'ay voulu y inſerer certaines actions , qui ne peuuent paroiſtre que miraculeuſes,

culeuſes, deſquelles i'ay quelques lumieres, les reſeruant pour vne autre
occaſion (& quand Dieu la donnera)
pour fermer la bouche à ceux qui ſe
mocquent & blaſment facilement ce
qu'ils ne voyent point. Ie me ſuis
contenté de faire ſimplement le re-
cit de ce que i'ay recognu & appris
par la longue & familiere conuerſation que i'ay eu auec luy , auec ſes
parens, & auec ceux de ſon pays.
Mais toutefois ſi, cher amy Lecteur,
tu cherche la ſageſſe, la vertu, la prudence & la veritable force d'eſprit,
qui conſiſte dans le meſpris raiſonna-
ble du monde , & à l'attache conſtan-
te de l'amour Diuin (qui compoſent
le fondement ſolide de la ſaincteté)
tu les treuueras parfaitement en la
vie de ce venerable Pere, laquelle a
eſté comme vn miracle continuel en
la perſeuerance de quatre-vingt quatre à cinq ans au ſeruice de Dieu, tant

é

en son Cloiſtre auec ſes Confreres,
qu'à la Cour parmy les Grands; & par
conſequent, tu jugeras Chreſtiennement qu'il jouït maintenant d'vne
eternité de gloire, & qu'eſtant mort
en Dieu, il repoſe doucement en ſon
ſein auec les Bien-heureux; & que ſuiuant la Loy diuine & humaine, i'ay
eſté obligé de rendre à ſa memoire ce
preſent teſmoignage; lequel contiét
trois choſes principales : l'abregé de
ſa vie; celuy de ſes belles, deuotes &
doctes prieres, & quelques reflexions
morales ſur les principaux points de
ſa ſuſdite vie; & pour vne plus grande facilité des choſes auſquelles tu
voudras t'arreſter particulierement,
ie les ay diuiſé en differents articles;
mettant à la fin de chaque Chapitre
vne Reflexion, excepté au dernier,
auquel i'ay adjouſté vn petit diſcours
de l'vtilité des perſecutions & calomnies que ſouffrent les gens de bien,

auec vn narré de la iustification de la
bien-heureuse Mere Louyse de Carrion. Ie te supplie, cher amy Lecteur,
d'excuser les defauts que tu y descou-
uriras, tant par ma negligence que par
inaduertance de la correction, de
quelques mots ou lettres coulées imperceptiblement dans l'impression,
Dieu par sa saincte grace veuille tou-
cher ton cœur quand tu y liras, afin
que tu en retire le profit & la consolation spirituelle, que ie te souhaite
pour estrenne de cette année, & que
i'espere, si tu y apporte l'attention,
Ainsi soit-il. Adieu.

APPROBATION.

NOVS sous-signez Docteurs en la Faculté de Theologie à Paris, certifions auoir veu & leu vn Liure, intitulé; *La Vie illustre & exemplaire du parfait Religieux dans le Cloistre & dans la Cour, practiquée par le Reuerend Pere* FRANÇOIS FERNANDEZ, *Religieux Cordelier & Confesseur de la Reine Tres-Chrestienne* ANNE MAVRICE D'AVSTRICHE; composé par le R. P. CHARLES MAGNIEN, Religieux du mesme Ordre, Docteur de nostre susdite Faculté, & Vicaire au grand Conuent des Peres Cordeliers de la mesme Ville: Lequel Liure nous auons trouué conforme à la doctrine de la Foy, & aux bonnes mœurs, & contenir plusieurs belles choses pleines de bonne edification. En tesmoignage dequoy nous auons icy souscrit, ce 8. de Septembre 165

L. BAIL.

F. MODESTE de Cantillac,
*Prieur du grand Couuent
des Carmes, à Paris.*

ẽ iij

NOvs ANDRE' DV SAVSSAY, Official de Paris, & Vicaire general de Monseigneur l'Illustrissime & Reuerendissime Archeuesque de Paris, Certifions à tous qu'il appartiendra , qu'ayant fait examiner par deux Docteurs en Theologie de la Faculté de Paris, le Liure intitulé, *La Vie exemplaire du parfait Religieux dans le Cloistre & dans la Cour , pratiquée par le Reuerend Pere François Fernandez Confesseur de la Reine Tres-Chrestienne Anne Maurice d'Austriche ; composé par le Reuerend Pere Charles Magnien Religieux Cordelier, Docteur en Theologie de la Faculté, & Vicaire au grand Conuent de Paris :* Et veu leur Approbation cy annexée. Nous, de l'authorité de mondit Seigneur l'Archeuesque, Auons permis & permettrons audit Pere Charles Magnien de faire imprimer & produire au jour ledit Liure, dont nous recommandons la lecture à toutes personnes Religieuses, & mesmes aux Seculieres ; dautant que nous ne doutons poinct qu'ils en tireront plusieurs bons exemples & des enseignemens tres-vtiles pour

leur salut : d'autant plus , qu'ayant eu
connoissance particuliere dudit Reuerend
Pere François Fernandez, nous auons re-
marqué en luy les Vertus d'vn excellent
Religieux & digne Confesseur d'vne si
grande Reine; & que nous sçauons que
ledit Pere Magnien a esté tesmoin ocu-
laire de la pluspart des choses memorables
qu'il en escrit; Et qu'aussi encores som-
mes asseurez par vne longue connoissance de sa pieté, doctrine & sincerité: E n
tesmoin dequoy nous auons signé ces pre-
sentes de nostre main, & fait icelles sous-
signer par le Secretaire ordinaire de l'Ar-
cheuesché de Paris, & appliquer le Seau
de la Chambre de mondit Seigneur l'Archeuesque. A Paris, ce neufiesme Decembre mil six cens cinquante-trois.

DV SAVSSAY.

ROGER,
pr Domino Secretario absente.

Table des matieres contenuës en ce Liure.

CHAPITRE I.

CHAPITRE II.

CHAPITRE III.

Fin de la Table des Chapitres.

LE

Extraict du Priuilege.

PAR grace & Priuilege du Roy, donné à Paris le vingtiesme iour d'Octobre mil six cens cinquante-trois, signé par sa Majesté en son Conseil EVRARD, & sellé du grand Seau de cire jaune; il est permis au Reuerend Pere CHARLES MAGNIEN, Religieux Cordelier, Docteur en Theologie de la Faculté de Paris, & Vicaire au grand Conuent des P P. Cordeliers de la mesme Ville; de faire imprimer & debiter vn Liure qu'il a composé & intitulé, *La Vie illustre & exemplaire du parfait Religieux dans le Cloistre & dans la Cour, practiquée par le feu R. P. François Fernaudez, Religieux dudit Ordre, & Confesseur de la Reine Tres-Chrestienne Anne Maurice d'Austriche*; par tel Imprimeur que bon luy semblera, pendant le temps de neuf années consecutiues, comme il est plus amplement porté par lesdites Lettres de Priuilege.

Acheué d'imprimer le 31. Decembre 1653.

Les exemplaires ont esté fournis.

LE

Le vray pourtrait du R.ᵈ P. F. François Fernandez Cordelier et Confesseur de la Reyne de France Anne Maurice D'austriche dont la vie a' esté illustre en vertus et la Mort glorieuse en merite le 9 Ianuier 1653. Humbelot fecit.

LE PARFAIT

RELIGIEVX

EN LA COVR.

CHAPITRE I.

Que les dons de Nature & de Fortune, appuyez de la main de Dieu, contri-buënt au salut des Esleus. De la naissance & extraction du Reuerend Pere François Fernandez.

'EST vne verité Chrestienne, que Dieu infiniment sage, bon & puissant, fait paroistre des traits admirables, & des ressorts incomprehensibles de sa Prouidence

A

en la conduite de l'Vniuers, & particulierement en celle des ames qu'il
à predeſtinées à ſa Cour celeſte pour
joüir eternellement de ſa diuine eſ-
ſence ; car dés l'inſtant, que par vn
effet ſpecial de ſa pure bonté il les a
eſleües & predeſtinées à la vie eternelle, il ordonne en ſuite & prepare
les moyens infaillibles pour les conduire à ce terme glorieux de la beatitude, faiſans par vne ſympathie ſecrete, & douce harmonie de ſes graces auec leurs volontez, que toutes
choſes correſpondent à ſa premiere
intention.

En ce diuin projet, la Sageſſe in-
crée eſt bien differente de celle des
hommes, car celle-là s'abuſe ſouuent
au choix quelle fait des moyens plus
aſſeurez pour paruenir à ſes deſſeins :
mais celle-cy jamais ne manque, encor bien qu'elle ſe ſerue des choſes
qui paroiſſent aux yeux des hommes

contraires & opposées à sa fin. Il
semble que les dons de Nature, & de
Fortune, dressent des pieges au chemin du Paradis, que les richesses de
la terre, & les grandeurs du monde
esbloüissent les yeux des hommes, ou
les offusquent entierement, pour les
precipiter dans les abysmes de la damnation. Mais s'ils sont conduits de la
main de Dieu, ils seruent aux Esleus
d'eschelle asseurée pour monter au
Ciel.

Combien de grands Monarques,
de Princes, & de Seigneurs joüissent
maintenant des couronnes de gloire
immortelle auec les Bien-heureux,
lesquels viuans sur la terre abondoient
en richesses & grandeurs, en force
d'esprit & de corps.

Les Maisons Royales de France &
d'Espagne nous en fournissent grand
nombre, sans rechercher plus loing:
& parmy les peuples, n'en voyons-

nous pas plusieurs (quoy que le nombre des autres excede de beaucoup)
qui par le prudent vsage, & saincte
œconomie des graces surnaturelles
auec les dons de Nature & de Fortune font vn trafic heureux des biens
de la terre auec ceux du Ciel?

C'est ce qu'ont fait François Fernandez & Anne de S. François pere
& mere du venerable Pere François Fernandez, ioignans auec tant
d'adresse les cōmoditez, la noblesse,
& les belles qualitez de corps & d'esprit que la Nature leur auoit departis,
à l'amour & à la crainte de Dieu, que
la Pieté & Religion Chrestiéne bril-
loient en toutes leurs actions, lesquelles les rendoient agreables à
Dieu, & recommandables aux hommes.

Ces nobles & pieux parens demanderent lignée à la diuine Majesté,
par les merites de la glorieuse Vierge

MARIE, de faincte Anne & de fainct François, & ils obtinrent trois enfans, deux garçons & vne fille, dont le premier fut noftre François Fernandez ; lequel nafquift l'an de grace 1568. le iour de S. Roch, en la ville de Alaejos, diftante de douze lieuës de Valladolid ville capitale de la vieille Caftille, & l'vne des plus belles, des plus grandes & plus riches d'Efpagne, où la Reine Tres-Chreftienne (que Dieu beniffe) a pris naiffance, pour eftre alors ce lieu où les Roys Catholiques faifoient leur refidence.

REFLEXION MORALE.

O Mon ame! auant paffer plus ou-tre, de grace fais icy vne reflexion tres importante à la fatisfaction & tranquilité de ton efprit: Admire par des profondes foufmiffions & adorations les trefors ineffables de la diuine Prouidence en

A iij

ce qui concerne le deſſein de ton ſalut,
faiſant que toutes choſes contribüent à ton
bon-heur, & empeſchant qu'aucune puiſſe
te nuire ſi tu es de ſes Eſleus. De ſorte que
la grandeur & la baſſeſſe, les richeſſes &
la pauureté, la ſanté & la maladie, la
beauté & la laideur, la ſcience & l'ignorance, ſont des effets de ta predeſtination,
& des cauſes qui contribüent aux actions
meritoires de la gloire eternelle, pourueu
qu'elles ſoient eſleuées par vne grace ſur-
naturelle, & animée d'vne droite intẽtion.

Mais ſouuiens toy de n'eſtre trop cu-
rieuſe à vouloir penetrer dans les iugemens
de Dieu pour connoiſtre clairement ſi tu
es du nombre des Eſleus, à moins de t'ex-
poſer à vn precipice d'erreurs & de tenebres, dautant que la diuine Sageſſe s'en
eſt iuſtement reſerué la connoiſſance. Car
comme c'eſt vne grande temerité parmy
les hommes que les ſeruiteurs recherchent
les ſecrets de leurs maiſtres, les ſubjers ceux
de leurs Seigneurs, les vaſſaux ceux de

leurs Souuerains, les enfans ceux de leurs
peres, estans obligez par la loy de respect
se soufmettre entierement à leurs loix &
volontez sans en demandrr les causes, ny
examiner les raisons; De mesme, tu ne
dois, ô mon ame! sans vouloir encourir
l'indignation du Ciel entrer dans le sacré
conclaue de ton Souuerain Seigneur infiniment esleué au dessus de toy, pour voir
clair dans ses desseins & conseils. Partant
laissant à part toutes les curiositez des choses qui surpassent l'estenduë de ta capacité,
& fermant les oreilles à ceux qui te vou-
droient precipiter dans le libertinage, ou
dans le desespoir, parce qu'ils nient la necessité de la Grace surnaturelle, ou détrui-
sent la liberté & indifference de ta volonté aux actions meritoires de la Grace, &
de la vie eternelle. Penses que sans Dieu
tu ne peux rien, & auec luy toutes choses
te sont possibles, & que non seulement les
dons surnaturels de la Grace, mais aussi
ceux de la Nature & de Fortune, te dres-

A iiij

ſeront vne eſchelle depuis la terre iuſqu'au
Ciel, afin de t'y conduire heureuſement,
pourueu que tu veuille correſpondre par le
bon vſage de ta liberté à la douceur de ſes
graces, & que par ta malice & appetit
déreglé tu ne peruertiſſe l'ordre & la fin
pour leſquels ils te ſont liberalement donnez de ton Dieu & Createur. C'eſt de la
façon que ſe ſont comportez le pere & la
mere du Reuerend Pere Fernandez, leſquels pour ce ſujet ont attiré ſur eux de
grandes benedictions du Ciel.

CHAPITRE II.

Deſcription ſuccincte de la bonté & pieté
du lieu natal du Pere Fernandez : De
ſa retraite du monde, & de ſon
entrée en l'Ordre de S. François.

ALAEJOS eſt vne ville ſituée dans
vne raze campagne, feconde en
vignobles les plus excellens de tout le

pays, mediocre en nombre de mai-
fons & de peuples, mais fleuriffante
en deuotion : ayant dans fon enceinte
deux des plus agreables, plus riches,
& mieux orneés Eglifes de tout le
Royaume, lefquelles font deferuies
chacune par quarante-cinq Preftres,
tant Chanoines que Chappelains, qui
celebrent le Seruice Diuin auec grande deuotion, & edification du peuple. A chaque entrée de la ville hors
l'enceinte, il y a de belles & grandes
Chappelles, où l'on celebre la fainéte
Meffe tous les jours : on y fait auffi
fouuent diuers Exercices Spirituels.
Les Religieux difcalces de S. François
y ont vn Conuent de vingt-cinq à
trente Religieux : beaucoup d'hommes & de femmes portent l'habit du
Tiers Ordre de S. François, & f'em-
ployent aux œuures de mifericorde,
quand les neceffitez fe prefentent,
tant priuées que publiques, donnans

des exemples de vertus à la jeuneſſe,
laquelle ſucce de bonne heure le laict
des douceurs de la Vie Spirituelle. Ce
qui fait que pluſieurs ſe conſacrent à
Dieu, ſe retirans dans des Monaſte-
res, & d'autres viuent dans le monde
comme ſ'ils eſtoient dãs les Cloiſtres.

En la maiſon de noſtre Venerable
Pere, ſa mere a gardé quarante ans
la veritable viduité recommandée
par S. Paul. De trois enfans, deux ſe
ſont rédus Religieux de S. François:
l'autre eſtant marié en eut cinq, dont
deux filles ſont Religieuſes Diſcalces de S. François à Valladolid ; &
deux autres ont gardé le celibat dans
le monde.

Si donc tant de ſainĉts exercices &
pieux exemples ſeruent de filets à la
Diuine Prouidence pour attirer les
ieunes & les vieux au chemin du Ciel,
& à l'eſtude du ſalut de leurs ames
que ne pouuons-nous pas croire de l

force qu'ils ont euë sur l'esprit de noſtre Pere Fernandez, nourry & esleué
plus particulierement dans la deuotion par les inſtructions & religieux
exemples de ſes parens; Il ſemble que
Dieu a voulu que non ſeulemnet les
graces ſurnaturelles ayent ſeruy à ſon
bon-heur, mais encore le lieu natal,
& toutes les circonſtances de ſa naiſ-
fance.

Cette meſme Prouidence l'auoit
deſtiné pour la jouyſſance de ſa Diuine Majeſté dans le Ciel, & pour la
conduite ſpirituelle de la plus Maje-
ſtueuſe & Auguſte Princeſſe de l'Europe: C'eſt pourquoy dés ſa plus tendre ieuneſſe, elle a verſé dans ſon ame
des graces ſi puiſſantes & extraordinaires, qu'à meſure que l'vſage de raiſon ſe fortifioit, la vertu eſclatoit en
ſes actions d'vne façon ſi rare & ſinguliere, que chacun beniſſoit Dieu
en luy, auec des eſperances qu'il de-

uiendroit vn iour grand & excellent
perſonnage.

Deſlors il donna des preſages aſſeurez par ſa diligence des grands honneurs auſquels il deuoit eſtre eſleué iuſtement & meritoirement en cette vie,
& en l'autre. Le Sainct Eſprit dit aux
Prouerbes Chapitre 22. Que le dili-
gent en ſes entrepriſes ne demeurera
pas auec les gens de baſſe & vile condition, mais qu'il ſera honoré de la preſence des Roys *Vidiſti virum velocem
in opere ſuo , coram Regibus ſtabit , nec
erit ante ignobiles.*

Il a teſmoigné cette diligence au
ſeruice de Dieu & à l'eſtude des bonnes lettres: car dés l'aage de dix ans,
ſe défiant de ſes forces dans les combats du monde , parmy les biens &
honneurs de la terre , de crainte que
le fard des voluptez , & l'eſclat des
richeſſes charmaſſent ſon cœur , &
eſbloüiſſent ſon eſprit; il prit reſolu-

tion de leur tourner le dos, & de fui-
ure IESVS-CHRIST, à l'imitation
& fous l'eſtendard du Seraphique Pere Sainct François, par vn meſpris entier des biens caducs, & vne recherche exacte des richeſſes eternelles &
permanentes.

Pour cét effet il implora la grace
du Sainct Eſprit trois diuerſes fois, ſe
confeſſant & communiant. Sa priere
eſtoit, qu'il pleuſt à Dieu, ou luy oſter
cette volonté, ſi elle n'eſtoit de luy,
ou de la luy confirmer, ſi elle en venoit; ce qui arriua, car il deuint
touſiours plus dégouſté du monde,
& plus paſſionné du Diuin Amour
pour l'execution de ſon premier deſſein.

RAISONNEMENT
DV PERE FERNANDEZ;

Auec les prieres qu'il a enseigné & pra-
tiqué pour demander à Dieu le
chemin de son salut.

IL raisonnoit de la façon. Cette
verité supposée comme tres-cer-
taine, que mon bon-heur consiste à
joüir de la derniere fin, qui est la vie
eternelle, pour laquelle j'ay esté creé;
& que pour l'obtenir i'en dois connoistre les moyens, si ie ne veux estre
malheureux à iamais ; Il faut que ie
me resolue dés maintenant de la rechercher: mais d'autant qu'elle excede la capacité de mon esprit, & que
ma resolution ne peut estre saincte-
ment efficace que par vne grace surnaturelle; & que ie ne peux de moy
seul auoir vne bonne volonté, ny

executer aucun bon deſſein , ny me détacher des creatures pour bien ſeruir Dieu , & preferer les choſes meilleures aux moindres , ie me ſens obligé d'auoir recours à celuy ſeul qui peut m'eſclairer , animer & fortifier en la connoiſſance & recherche de cette derniere fin , & du chemin neceſſaire pour y paruenir. Partant ,

O Mon Dieu ! puiſque vous m'auez aimé de toute eternité par vn pur effet de voſtre bonté , & que m'auez creé à voſtre image & ſemblance , & fait capable de la vie eternelle , voulant que ie vous aime , que ie vous ſerue & que ie vous louë eternellement auec les Anges & tous les Bien-heureux ; faites par la force de vos graces , que j'aime & recherche ma fin derniere & principale plus que l'or & l'argent , que les diamants , joyaux , & les pierres precieuſes ; plus

que les Empires, Puiſſances & Honneurs de la terre; plus que toutes les
amitiez & complaiſances des creatures: Donnez m'en la connoiſſance
veritable, la volonté efficace, la memoire preſente, le deſir ardent; &
me monſtrez le chemin que ie dois
prendre & choiſir pour y arriuer heureuſement. *Pater noſter & Aue.*

O Seigneur! faites que ie recon-
noiſſe la hauteur, la profondeur
& la largeur de voſtre Charité im-
menſe, laquelle vous auez fait paroiſtre me donnant voſtre S. Eſprit pour
conſolateur, vos Anges pour me garder, voſtre Loy pour ma lumiere,
vos Sainčts pour mon exemple, vos
Sacremens pour mon ſalut, voſtre
ſacré Corps pour me nourrir, le bain
de voſtre precieux Sang pour me lauer, vos creatures pour mon ſeruice,
la raiſon, la foy & voſtre protection
pour

pour me conduire à voſtre Paradis.
Pater noſter, & Aue.

SEigneur, enſeignez-moy le bon vſage des creatures, que m'auez donné auec tant de largeſſe, & auez aſſujety à ma liberté auec tant de pouuoir, afin qu'elles m'aident à la pourſuite de ma derniere fin. Faites que ie ſçache me ſeruir de mes ſens auec prudence, de mon entendement auec raiſon, de mon intention auec rectitude, de ma memoire auec diſcretion, de ma volonté auec pureté, des Sacremens auec deuotion, de la proſperité auec reconnoiſſance, de l'aduerſité auec patience, & de toutes les choſes de la terre auec indifference & ſans attache.

Pater noſter, & Aue.

MOn doux IESVS donnez-moy la honte de mes pechez & ne-

gligences paſſées, auec le ferme propos de m'en corriger, & d'y ſatisfai-
re par vne rude penitence, & en ſuite la grace de fuir doreſnauant les occaſions, & la force pour vaincre les
tentations : Faites que ie conſidere
le temps qui paſſe comme vn eſclair,
ſans iamais retourner, & que ie regrette celuy que i'ay perdu, oubliant
voſtre Diuine Majeſté, la crainte de
perdre voſtre grace, & le deſplaiſir
que les hommes vous offenſent. Finalement, donnez-moy le deſir de
mon ſalut, & de celuy de tous les
hommes, comme vous le voulez,
ayant enduré la mort pour ce ſujet.

Pater noſter, ☩ *Aue.*

SEigneur, donnez-moy la prudence, & la lumiere du Ciel pour faire vn bon choix du chemin de mon
ſalut, afin que ie faſſe touſiours ce
qui ſera meilleur & plus agreable à

voftre fainĉte volonté , & que ie prefere le certain à l'incertain , le veritable à l'apparent, le principal à l'accef-
foire, le permanent au tranfitoire , la
vertu à la volupté , l'honneur à l'vtil,
l'ame au corps , le Ciel à la terre , l'e-
ternité au temps , & voftre volonté
à la mienne.

Pater nofter & Aue.

Veni Creator Spiritus , &c.

Verfet , *Emitte Spiritum tuum &*
creabuntur, Oraifon, *Deus , qui corda,*

Apres il découurit fon cœur à fa
mere, profterné à fes pieds & demandant fa benediĉtion, laquelle elle luy
accorda , mais auec vne grande repugnance, tant à caufe de la tendref-
fe naturelle d'vne vertueufe mere
enuers vn bon & fage fils, que pour
la neceffité qu'elle auoit de fa perfonne, comme aifné de la maifon, d'vne
vefue depuis quatre ans. Les tendref-

ſes d'vn enfant reconnoiſſant à l'endroit de ſa chere & honorée mere
n'eſtoient pas moindres en ſa perſonne : mais l'amour Diuin ayant vaincu le naturel en l'vn & en l'autre,
auec autant de courage que de douceur.

Il s'en alla trouuer le Pere Prouincial de l'Ordre de Sainct François en
la Prouince de la Conception, qui le
receut comme vn Ange du Ciel,
conſiderant l'ardeur de ſon zele par
ſes paroles, & la profondeur de ſon
humilité par ſes geſtes.

Ce Reuerend Pere Superieur, apres
auoir conceu de luy vne eſperance
tres-grande de pieté & de religion,
l'enuoya au Conuent de Caſtrogeris,
où ſe garde exactement la diſcipline
reguliere. Les Religieux le receurent
auec vne joye nompareille, conſiderant cette nouuelle plante, qui pro-
mettoit en bref des fleurs odorife-

rantes de vertus, & des fruicts agreables d'vne vie parfaictement religieuſe: & de fait elle fut ſi abondamment arrouſée des graces celeſtes, &
cultiuée par les inſtructions de ſes Directeurs, qu'en peu de temps ce deuot
enfant deuint tres-parfait en la ſcience des Saincts, & tardoit aux Religieux
que l'aage ne venoit auſſi viſte que
la vertu pour l'admettre à la profeſſion; mais pour garder les formes de
Religion, il demeura encore deux
ans ſans receuoir l'habit, & trois
autres dans le Nouiciat, conti-
nuant les exercices ſpirituels qui ap-
partenoient à ſa condition, ſa vertu
croiſſant & augmentant rouſiours
auec plus de zele & de ferueur.

Lors qu'il eut atteint la ſeizieſme
année de ſon aage, le Pere Prouincial
faiſant ſa viſite dans le Conuent, fut
rauy de receuoir les vœux de ce ieu-
ne Nouice, ſi parfaictement d'étaché

B iij

du monde , & ataché à Iesus Christ:
Cette action fut fort folennelle dans
l'Eglife, en prefence d'vn grand nombre de Religieux , de fes parents &
amis , tous pleins de ioye & d'admiration , voyant vne victime volontaire & fi precieufe confacrée à Dieu,
& conceuant de viues efperances,
qu'il feroit vn iour l'honneur de fon
Ordre, & la gloire de fa patrie.

REFLECTION MORALE.

O Mon ame! tu dois icy apprendre
vne belle leçon , pour t'inftruire au
combat de l'amour propre , & des biens
ou voluptez de la terre ; lors que ton diuin
Efpoux te fais entendre fa voix, & frape
à la porte de ton cœur pour y auoir libre
entrée, te parler feul à feul , te communiquer les plus cachez fecrets de ton falut,
& verfer en toy la douceur de fes graces ;
ferois tu affez infenfible , ou lethargique

pour n'obeyr pas promptement , & n'a-
greer vn offre si fauorable, (mettant en
oubly toutes considerations humaines)
pour traitter de ton bonheur auec celuy
qui en est le Maistre , l'autheur &
l'obiect?

    Considere donc que si en l'autre vie , tu
veux euiter l'eternité, & la verité des
peines ; Il faut qu'en celle-cy tu fuye la
briefueté & fausseté des plaisirs mondains.
Tu dois maintenant (de quelque con-
dition que tu sois) embrasser les mortifi-
cations passageres, pour iouyr apres des
douceurs eternelles : Que tu sois dans la
closture ou dehors , vse des choses de la
terre comme si tu n'en n'vsois pas, l'vsa-
ge t'est permis & non la iouyssance ; celuy
là n'est qu'en passant, celle-cy est pour l'e-
ternité, cette vie passe comme vn esclair,
& l'autre demeure autant que le ciel em-
pyrée. C'est en ce vray liure de sagesse &
de conscience pure qu'a voulu estudier
le Reuerend Pere Fernandez en fuyant

B iiij

fuyant le monde pour se rendre sçauant, en l'escole de la vertu & de la sainteté.

CHAPITRE III.

On l'enuoye aux estudes à Valladolid, où il profite en peu de temps: il souftient publiquement des Theses auec applaudiffement, il refuse les honneurs & se retire dans les deferts ; que la vraye science est celle de la pureté de conscience.

L'ORDRE du Seraphique Pere sainct François ne fut pas si tost asseuré du precieux gage de son bonheur, par la solemnité de ses vœux, que le prejugeant vtile au trauail du salut des ames, tant par les inftructious comme par le bon exemple de sa vie, on le deftina à l'eftude des bonnes lettres, au cele-

bre Conuent de Valladolid, où en
peu de temps il acheua suffisamment les humanitez commencées
à Salamanc, auant qu'il fut Religieux.

En suite il passa à la Philosophie
& à la Theologie, & y demeura
huict ans estudians auec grande assi-
duité : & quoy qu'au commencement il peinast beaucoup à conceuoir
les escrits de son Maistre, toutefois
imperceptiblement, & au iugement
de plusieurs (comme par vne grace
speciale du Ciel) les difficultez furent
vaincuës, & parût si capable, qu'il
surpassast tous ses compagnons, conceuant ses escrits facilement, & ré-
pondant auec grande clairté à toutes les plus belles questions qu'on
luy proposoit, ce qui obligea ses Superieurs & Maistres de Theologie
de l'employer en de belles actions
publiques, particulierement en

deux ; l'vne à Valladolid où il foûtint des thefes de toute la Theologie, dediées à fon oncle, pour lors Euefque de Cüenca, en prefence des plus celebres Docteurs & Profeffeurs de toute l'Vniuerfité; Il donna à chacun vne fatisfaction fi grande, & generale par fes doctes & fubtiles réponfes fondées fur la doctrine des Peres , & fur des raifons folides & conuaincantes, qu'il fut iugé digne d'vne autre feconde, qui eftoit de remplir la place de Collegial pour le droict de fa Prouince , en la fameufe Vniuerfité d'Alcala d'Henares au College de fainct Pierre & fainct Paul , fondé par le Cardinal Ximenes. Mais comme cet honneur eftoit le plus grand qu'on pouuoit faire à vn Religieux de fon aage & de fa condition : de crainte qu'il bâtit en ruine par quelque petit vent de vaine gloire l'humilité qu'il auoit fi

cherement embrassée, il le refusa, &
tout autre qu'on luy offrit ; ne desirant la science que pour mieux apprendre à seruir Dieu, & se rendre
vtil au salut des ames, par les predications & autres pareilles instructions. Or, afin de ne desobliger ses
amis, ny desobeyr à ses Superieurs en
semblables refus, pour se former so-
lidement en la parfaite science de
la conscience, & se perfectionner en
la vie spirituelle auec plus de pureté
& liberté d'esprit : Il supplia ses Superieurs luy accorder la permission
de se retirer aux deserts auec certains
Religieux de son Ordre, & de la
mesme Prouince, lesquels sont continuellement occupez dans l'oraison mentale, ou vocale, de nuict &
de iour en leurs petites cellules, &
dans le Chœur, où ils sont employez
aux fonctions manüelles de la Religion, soit à l'Eglise, aux iardins, aux

infirmeries, aux cloiſtres, & dortoirs; & aux autres, quoy que viles;
ne perdans iamais vn quart d'heure
de temps, & n'en prenans purement
que pour le repos & pour la nourriture du corps, que celuy qui eſt abſolument neceſſaire à la conſeruation de la vie. Le ſilence perpetuel y
eſt gardé, excepté deux heures à
chaque Feſte principale de l'année,
eſquels ils s'entretiennent & con-
uerſent enſemble de choſes honneſtes & ſerieuſes, comme de quelques cas de conſcience, ou des difficultez ſcolaſtiques, poſitiues & my-
ſtiques. Le cilice, la nudité des
pieds, la diſcipline continuelle, &
le ieuſne, plus des trois quarts de
l'année, & toutes les mortifications,
qu'on peut ſe repreſenter neceſſaires à vn Ordre eſtroit & exact,
ſont ponctuellement & inuiolable-
ment obſeruées.

REFLECTION MORALE.

O Mon ame ! prens icy cette leçon.
Puiſque tu as vne inclination naturelle à la ſcience , comme à l'vne de tes
plus nobles perfections , & celle qui te
découure les plus belles veritez : tu dois
t'attacher à la ſcience fondamentale de
ton ſalut , & des veritez eternelles.
Ta conſcience en eſt le liure ſans fard ny
flatterie ; pour iceluy tous les autres ſont
compoſez ; & dans iceluy ſeul , tu liras
ſortant de ton corps , pour prendre le lieu
de ton fort & derniere retraitte ; tu ne
le perdras iamais , il te ſera touſiours
expoſé pour ta conſolation ou pour ton
tourment . Si tu eſtudie dans ce liure
auec autant de peine que dans les autres ,
tu l'apprendras mieux & auec plus de
profit. C'eſt (ma chere ame) ce liure qui
eſt maintenant clos & ſeclé , mais qui
ſera ouuert à tout le monde le iour du Iu-

gement. Apprens de bon heure à lire de-
dans, à corriger les deffauts, & l'enri-
chir des choses saintes & pures ; afin
qu'à l'ouuerture, Dieu en soit pour
tousiours glorifié, & toy consolée à ia-
mais. Prend garde au moins deux fois
le iour à le feüilleter, de peur que les vers
des remords le rongent ; ou que la pousse-
re des saletez le gaste & pourrisse. Pre-
uiens la crainte de la peine par celle de la
coulpe, & le chastiment par la mortifi-
cation ; punis le passé & fuis l'aduenir.
Si le peché se presente à toy, ne luy ouure
pas la porte ; si ta pensée t'assaillît, que ta
volonté la chasse, afin que tu ne souffre
aucun reproche, sans pourtant pretendre
te iustifier.

C'est ce qu'on a reconnu auoir
esté pratiqué par ce vertueux Pere,
qui pour ce sujet a tesmoigné iouyt
d'vne tranquillité d'esprit si extraordinaire, qu'elle pouuoit passer plus
miraculeuse que naturelle, ou diuine

qu'humaine; car que son corps souf-
frist, que le monde l'attaquât, & que
le Demon l'assaillît, il demeuroit
ferme & inesbranlable; de telle sorte
que rarement les premiers mouue-
mens (dont les iustes ne sont pas
exempts en cette vie) auoient prise
sur luy, & falloit que ce fust en des occasions pressantes, pour la defense de
la verité & de l'innocence : mais
tousiours par la douceur de son visage, le grand calme de son esprit entierement soûmis à Dieu, paroissoit
humble à chacun, affable à tous, à nul
odieux, gracieux aux amis, patient
aux ennemis, & bien-faisant à ceux
qu'il pouuoit. C'est l'estude qu'il a faite dans ces deserts, & la science qu'il
a pratiqué iusqu'au dernier moment
de sa vie.

CHAPITRE IV.

Comme il assujetit son corps à la raison, & son esprit à Dieu: quelles estoient ses plus frequentes meditations & oraisons.

LORS qu'il se retira dans ces deserts, il n'estoit aagé que de vingt-huict ans, plein de forces de corps & d'esprit, appuyé & secouru des graces diuines tres-puissantes & efficaces, par le moyen desquelles il a produit dans ces lieux solitaires des actions de penitence, de mortifications & macerations de son corps; auec tant de zele & d'ardeur qu'il assujetît ses passions à la raison, son corps à l'esprit, & son esprit à Dieu, deuenant victorieux de soy-mesme, maistre du monde, amy tres-parfait de IESVS-CHRIST,

&

& heritier du Ciel.

Il se delectoit particulierement à la contemplation, & oraison mentale, l'ayant pratiquée toute sa vie, auec vn tel détachement des sens, & vne si forte eleuation d'esprit en Dieu & aux sacrez Mysteres de la Foy, que ses meditations paroissoient des extases : Le feu de l'amour diuin ardoit si puissamment en son ame, qu'il enuoyoit au dehors des rayons visibles lesquels l'enflammoient, & rendoient extraordinairement son visage brillant & lumineux, specialement lors que la meditation estoit de la Passion de nostre Seigneur, ou de sa bonté, ou des douceurs du Paradis, ou des peines d'Enfer : L'on voyoit couler de ses yeux de grosses larmes, lesquelles voulant cacher modestement, il feignoit auoir quelque mal de teste couurant son visage de sa main. La mesme chose luy arriuoit

lors qu'il entendoit parler de quelques crimes enormes commis contre Dieu, ou des mal-heurs furue-
nûs à quelques perfonnes, quoy
qu'inconnuës & eftrangeres.

Entre fes Oraifons mentales &
vocales, celles qui s'enfuiuent luy
eftoient plus frequentes. Premierement il rendoit graces à Dieu des
benefices receûs, tant naturels que
furnaturels, difant auec grande ferueur & attention:

SEigneur mon Dieu, ie vous
rend graces, autant qu'il m'eft
poffible, pour m'auoir tiré du neant
& creé à voftre image & femblance
entre vne infinité d'autres creatures
qui font priuées de ce bon-heur, &
pour m'auoir fait renaiftre au S. Fond
du Baptefme, permettant que les
vns meurent dans le ventre de leurs
meres, & dans la difgrace du peché

originel ; & que les autres demeu-
rent dans les tenebres de l'infideli-
té & herefie. Ha mon Dieu ! qui eft
celuy qui pour lors a prié pour moy
plus que pour ces mal-heureux ? où,
eft-ce que ie le meritois? non, ce n'a
efté ny pour l'vn ny pour l'autre
fujet, mais par voftre pure bonté, &
par les merites de voftre cher Fils
vnique ; Partant, ie fuis obligé me
ioindre auec tous les Sainéts pour
vous en rendre des aétions de graces infinies : Et vous, ô mon doux
I E S V S ! ie vous fais le pareil remerciement pour toutes les chofes qu'a-
uez fait & fouffert pour moy, pour
toutes les fois que m'auez pardonné mes pechez, & preferué de ceux
que ie n'ay point commis, pour toutes les fois que i'ay receu voftre precieux Corps, les autres Sacremens,
& vos graces fingulieres, auec lefquelles i'ay fait quelque bonne

action interieure & exterieure, pour l'Ange Gardien que m'auez donné, pour la santé, nourriture & biens temporels, desquels vous m'auez fauorisé & fauorisez encore plus que beaucoup d'autres meilleurs que moy, & qui en vseroient mieux que ie ne fais, dequoy ie suis tout confûs.

On peut en ce poinct d'Oraison examiner les graces particulieres qu'on a receu en des occasions extraordinaires, & en rendre graces.

Secondement, d'autant que la Diuine Majesté se plaist à verser l'abondance de ses graces dans les ames reconnoissantes & non ingrates. Apres le susdit remerciement, il faut demander auec grande humilité, foy & esperance, ce qui s'ensuit.

O Seigneur mon Dieu, puisque vous estes plus misericordieux que ie ne suis grand pecheur, & plus desireux de me faire des graces, que ie ne suis prompt à les receuoir, ie vous supplie tres-humblement par les merites de vôtre cher Fils vnique, me pardonner mes pechez: Ie regrette de tout mon cœur vous auoir offensé pour ce que vous estes, & propose fermement ne vous iamais plus offenser moyennant vostre grace, laquelle il vous plaise m'accorder.

Item, Ie vous supplie ne permettre que ie me damne, mais sauuez-moy, & me donnez vostre Paradis, afin que ie vous benisse, que ie vous aime, & glorifie auec les Anges & tous les Bien-heureux pour iamais.

Item, Ie vous supplie m'octroyer
C iij

les graces , les dons , & l'affiſtance
dont mon ame a beſoin pour vous
ſeruir & aimer auec plus de perfections : Sur tout, ne me déniez point
l'humilité , la patience , la charité , le
don de perſeuerance , & les autres
Vertus requiſes à vn vray Chreſtien.

Item, Plaiſe à voſtre bonté me
donner les biens temporels, l'honneur, la paix, la ſanté, la vie & les autres choſes neceſſaires qui la con-
cernent , & le tout, non pour autre
fin , que pour voſtre plus grande
gloire, le ſalut de mon ame, & l'vtilité de mon prochain.

Item, Ie vous prie (ô mon Dieu)
de toutes mes forces, pour le pardon
& la grace de ceux qui ſont en peché mortel, pour la deliurance des
ames du Purgatoire, pour toutes les
neceſſitez, tant generales que particulieres de mon prochain, ſpecialement pour mes parens, amis, & bien-

faicteurs, pour ceux qui se sont recommandez à mes prieres, pour ceux qui en ont besoin en particulier, pour *N. N.*

Finalement, Ie vous prie (Seigneur mon Dieu) autant qu'il m'est possible, pour la conuersion des Infidels, la reduction des Heretiques, l'exaltation de la Foy Catholique, pour nostre sainct Pere le Pape, pour nostre Roy Tres-Chrestien, que vous nous auez donné misericordieusement, apres tant de souspirs & de prieres, pour la Reyne sa tres-chere & honorée Mere, pour Monseigneur le Duc d'Anjou son Frere vnique, pour tous les Princes Chrestiens, pour les Prelats & Ecclesiastiques, afin qu'ils contribuent tous au salut des ames par leur authorité, doctrine, & bon exemple; & que par ce moyen nous vous benissions & glorifions à iamais auec cœur & fincerité.

Son exercice en l'amour diuin, com-
prenant ce qu'il y a de plus glorieux
en Dieu, & de plus vtile à l'Ame.

Aimer, comme dit fainct Thomas, eft la mefme chofe, que vouloir
du bien à la perfonne aimée. Or,
comme nous ne pouuons vouloir
aucun bien à Dieu, dont il n'ait vne
entiere & pleine ioüiffance, nous
fommes obligez l'aimer; luy defirant les fouuerains biens par voye
de complaifance & réjouyffance,
parce qu'il les poffede de toute eternité, de foy mefme & fans depen-
dance de perfonne, defirant qu'il
en foit à iamais loüé, glorifié, &
adoré de toutes les creatures.

Noftre deuot feruiteur de Dieu
a enfeigné & pratiqué la manierequi
s'enfuit pour témoigner cet amour.

MOn Dieu, ſoyez mon Dieu, comme vous l'eſtes : ie me réjouïs qu'en dépit des athées & idolatres, vous le ſoyez. Vous auez vn pouuoir infiny, ſoyez Tout-puiſſant, ainſi que vous eſtes. Vous auez vne ſageſſe infinie, à la bonne heure; ayez vne ſageſſe infinie, comme vous auez. Vous auez vne bonté, charité & clemence infinies; Ayez (Seigneur) la bonté, la charité, & la clemence infinies comme vous auez. Vous eſtes glorieux & bien-heureux ſans fin, i'en ſuis rauy, & vous adore de tout mon cœur.

Seigneur mon Dieu, vous eſtes vn en nature, & trois en perſonnes; c'eſt le ſujet de la plus grande ioye de mon ame, & de mes profondes venerations. Vous eſtes Createur de toutes choſes, Sauueur des hommes, & Glorificateur des Anges. Soyez

Createur comme vous l'estes, ie vous
en loüe par mes tres-humbles recon-
noiſſances. Vous vous connoiſſez
d'vne connoiſſance infinie, c'eſt le
comble de mon contentement, car
la connoiſſance infinie conuient
fort bien à l'eſtre infiny. Vous vous
aimez d'vn amour infiny ; aimez-
vous d'vn amour infiny, car l'amour
infiny n'appartient qu'à vne bonté
infinie. Mon Dieu, vous eſtes Seigneur vniuerſel, aimé, loüé & adoré
des Anges & de tous les Bien-heureux dans le Ciel, & des hommes
ſur la terre ; Soyez Seigneur de tous,
& que tous vous aiment, vous
loüent & adorent à iamais, ie le
ſouhaite paſſionnément : O Seigneur, que ne ſe trouue-il quelqu'vn aſſez puiſſant pour conuertir
tous les infidels & pecheurs afin que
ſoyez ſeruy, obey, & adoré comme vous le meritez ? Faites-le vous

mefme par voftre puiffance & bonté, puifque vous feul le pouuez, c'eft mon defir, & la priere que ie fais à vôtre Diuine Majefté, *Gloria Patri & Filio, &c.*

Cet exercice d'amour de Dieu eft tres-haut & releué ; les Sainćts dans le Ciel le pratiquent, chantans ces loüanges continuellement ; *Benedićtio & claritas, & fapientia, & gratiarum aćtio, honor, virtus & fortitudo Deo noftro, &c.*

' Outre les fufdites meditations & deuotions, fon entretien eftoit la lećture des Liures deuots & fpirituels.

L'Aćte de contrition qu'il faifoit plufieurs fois le iour.

MOn Seigneur Iesvs-Christ, vray Dieu & vray Homme, mon Createur & Redempteur, ie fuis mâry de tout mon cœur, vous

auoir offensé, pour l'honneur que
ie vous dois: & parce que ie vous
aime plus que toutes choses, ie propose ne vous iamais plus offenser
moyennant voftre faincte grace,
fans laquelle ie ne peux rien, & auec
laquelle ie peux tout. Ie promets me
confeffer, accomplir ma penitence,
& dorefnauant fuyr toutes les oc-
cafions du peché; Ie vous offre ma
vie & toutes mes bonnes œuures
pour fatisfaction de mes fautes. I'ef-
pere que par voftre bonté infinie,
iointe aux merites de voftre facrée
Paffion, & à l'effufion de voftre fang
precieux, vous me pardonnerez ainfi que profterné aux pieds de voftre
mifericorde ie vous fupplie.

REFLECTION MORALE.

O *Mon ame, de grace, veille &*
prie de peurs que la tentation te
faffe fuccomber dans le peché: Ne fais

pas comme ceux qui veulent passer pour sages aux yeux du monde, & qui toutefois ne recherchent rien moins que l'object de la vraye Sagesse, qui est Dieu : ils sont si stupides & engourdis dans les sens, qu'ils se persuadent ne pouuoir s'en détacher, pour éleuer leurs esprits à Dieu par l'oraison mentale, & par la contemplation des choses spirituelles & celestes, disant qu'elles surpassent la poincte de leur capacité ; mais helas ! ils se trompent grandement, car il est aisé de faire ce saint exercice. Premierement, par la connoissance sensible des beautez rauissantes empreintes dans les creatures, dont le Createur est la source & l'origine. Secondement, par la lecture des Mysteres Sacrez de la Religion Chrestienne, des instructions & exemples des saincts Peres de l'Eglise & des ames deuotes. Pense (ô mon ame) que comme tu prens plaisir de satisfaire à l'appetit honneste de tes sens, par l'usage de leurs objects : donnant à l'ouye l'harmonie, à la

veuë la beauté, à l'odorat le parfum, au
goust la saueur, à l'attouchement la mo-
lesse de mesme, & à plus forte raison, dois-
tu prendre garde ne pas frustrer ta plus
noble puissance qui est ton entendement,
de son principal object qui est Dieu, dont la
seule iouyssance en cette vie, par la contemplation & oraison mentale; & en l'autre, par la claire vision, te comble de
douceurs, de ioye & de repos. Cette
Oraison est la plus illustre & plus noble
de toutes tes actions, par icelle tu traite
familierement auec ton Diuin Espoux, tu
luy ouure ton cœur, & il y verse ses graces, tu l'adore & il te donne a main, tu
réjoüis ton bon Ange & tourmente le
Demon, tu conuerse dans le Ciel & vis
auec les Sainéts, tu contemple auec admiration la sublimité & la profondeur,
la largeur & la longueur de ton Souuerain Seigneur, ainsi que parle l'Apostre
Ephesiorum cap. 3. c'est à dire selon le
deuot sainét Bernard, sa sublime maje-

sté, sa profonde sagesse, & l'abysme de ses iugemens, la largeur & estenduë de ses attribus, & son amour immense, la longueur de son eternité la fidelité de ses promesses, & l'attente asseurée d'vne vie glorieuse à iamais perdurable ; Tu découure les beautez rauissantes du Paradis, les grandeurs & richesses inconceuables du Tout-puissant Monarque de l'Vniuers, assis en son Thrône plein de Màjesté, adoré de tous les Esprits Bien-heureux : craint & redouté des mal-heureux ; tu vois vn nombre infiny de differentes, mais belles & agreables Couronnes, dont la moindre excede autant les plus precieux Diademes des Empereurs & Roys de la terre, que l'eternité de gloire surpasse la ioye & la splendeur d'vn moment : tu apperçois les tourmens irremediables des damnez, les souspirs languissans & clameurs pitoyables des ames souffrantes, les rudes assauts & violens combats des militantes. Toutes ces im-

portantes confiderations te font conceuoir de la crainte & de l'amour : de la
crainte, te reprefentant la Majefté de ton
Dieu fi fouueraine & fi abfoluë que perfonne ne peut luy refifter, ny l'accufer d'in-
iuftice, quoy qu'il frape, qu'il chaftie, qu'il
deftruife ; voyant auffi fa fageffe fi profonde, que nul ne peut la penetrer, ny s'en
cacher : & d'autre part, tu releue ton courage par des actes d'amour, confiderant
fa charité immenfe dont il fe fert pour te
communiquer continuellement des graces
fans nombre, et l'infallibilité des promef-
fes qu'il te fait des biens eternels en l'autre vie : de là tu pouffe des eflans vers le
Ciel & redoute les peines des damnez:
Les defirs ardens de la bonne vie &
l'horreur du peché s'engendrent en ton
cœur, auec les propos deliberez, fermes et
entiers de metre en execution tes bons
deffeins.

Mais (ô mon ame) fi tu veux que tes
Oraifons, tant mentales que vocales;
foient

ſoient agreables à ton Diuin Eſpoux,
& fructueuſes pour ta conſolation. Il faut
auparauant te preparer par vn examen
de conſcience, actuel ou virtuel, &
faiſant vn acte de contrition, & d'a-
mour de ton Dieu; car c'eſt ſe mocquer
de luy & le tenter, dit le Sainct Eſprit,
Eccleſiaſt. 7. vouloir ſe preſenter deuant ſa Majeſté ſans preparation &
attention. La priere luy eſt odieuſe ſi le
cœur eſt plein de venin, & infecté du peché. C'eſt ce qui faiſoit dire à ce bien-
aimé Diſciple, Epiſt. cap. 3 qui puiſa du
cœur ſacré de ſon Maiſtre tant de dou-
ces & ſublimes doctrines, faiſant ſon
Oraiſon mentale ſur ſon ſein en la Ce-
ne; que ſi la conſcience ne nous remord
point, nous deuons nous confier que Dieu
par ſa bonté entherinera noſtre demande,
comme du contraire, nous pouuons rai-
ſonner; car le peché eſt comme vne nuée,
dit le Sainct Eſprit, Thren. cap. 3. qui
empeſche le parfum de l'oraiſon de paſ-

D

fer & monter au Ciel; & comme parle
sainct Isidore Lib. 6. Ethimol. Le re-
mede est inutil à la playe, si le fer y demeure; si aussi le peché perseuere en l'ame,
l'oraison ne guarit point. Il faut donc
premierement oster l'empeschement, &
purger la conscience : En suite, implorer la
continuation des graces diuines; apres un
détachement des choses de la terre, éleuer
ton esprit en Dieu auec une ferme foy,
une humilité profonde, une esperance so-
lide, un amour ardent, une perseuerance
inesbranlable, & une resignation entiere à la volonté de celuy qui sçait, veut, &
peut mieux que toy, remedier à tes necessi-
tez. Tient pour certain, qu'encore qu'il
differe à t'accorder ce que tu luy deman-
des, il ne te rebutera ny te trompera iamais, car il est fidel en ses promesses, il est
riche & tout-puissant, bon & misericordieux à l'infiny enuers ceux qui l'inuo-
quent pieusement, et dignement, ainsi que
faisoit nostre parfait Religieux : lequel

ne manquoit iamais d'employer sain ou malade huict heures de nuict et de iour à l'Oraison mentale. Son exemple t'y inuite (ô mon ame) si tu veux iouyr des douceurs de la vie spirituelle, et suiure ce sainct Religieux au chemin du Paradis.

CHAPITRE V.

De sa vie actiue, contenant sa discipline reguliere; de ses confessions, predications, et bons exemples.

QVANT à la vie actiue, ses delices estoient és fonctions plus basses & plus viles; comme de lauer les pieds aux hostes & passagers, les escüelles, & vtenciles de la cuisine, les habits & tuniques des Religieux, assister les malades, balier l'Eglise, les Cloïstres & Dortoirs, quelque.

D ij

fois il preschoit au Conuent, ou alloit pieds nuds par la campagne, entre les montagnes couuertes de nei-
ges, & durant la plus grande rigueur
de l'Hyuer, sans porter aucune pro-
uision ny aliment corporel ; mais se
resignoit entierement à la diuine
Prouidence , laquelle s'est mani-
festée extraordinairement en son endroit, comme il sera declaré plus amplement en d'autres occasions.

Ses rares vertus & religieux
exemples le rendirent en peu de
temps si recommandable , que les
Superieurs le iugerent digne des
charges de la Religion, & tres-vtile
pour la conduite des autres ; leur
feruant de modele de pieté à la difcipline reguliere. C'est pourquoy
ayant besoin d'vn homme extraordinairement pieux, & exemplaire,
prudent & bien zelé pour l'instruction des Nouices , à cause de ce

grand & celebre perſonnage Carta-
gene conſommé en ſcience & vertu, nouuellement venu des Peres Ie-
ſuites à l'Ordre de ſainct François:
on l'eſtabliſt Directeur des Nouices; ce qu'ayant eſté l'eſpace d'vn
an, & iuſqu'à la profeſſion du ſuſdit
Pere, & s'eſtant comporté en cette
fonction auec plus de ſatisfaction
qu'on ne pouuoit eſperer, on le iu-
gea capable d'vn plus grand em-
ploy. Ainſi il fut eſleu Gardien du
Conuent : & en ſuitte l'a eſté pluſieurs fois, ou Preſident ou Vicaire
en differentes maiſons; comme de
Laguillera, de Labroxo, de Calaora,
& de Villaſillos, iuſqu'à ce qu'il vint
en France par commandement de
ſes Superieurs. Ce n'eſtoit ſans grande repugnance, qu'il acceptoit ces
charges de Superieur, conſiderant
le danger de vaine gloire, annexé
d'ordinaire à la ſuperiorité & au gou-

uernement, sujet pour lequel il s'e-
stoit desia retiré dans les deserts, se
défiant de surplus ne pouuoir bien
accomplir les deuoirs de sa conscience en ces ministeres ; toutefois il mo-
dera cette repugnance par la consideration de l'obeyssance deuë aux
Superieurs, & des trauaux ausquels
il s'engageoit plus que tous les
Religieux. Les Superieurs estans
obligez indispensablement dans les
susdits Conuents , d'estre les premiers & les derniers en toutes les
disciplines regulieres & mortifications, & pouuans moins que tous les
autres se relascher ou soulager.

Et de fait, il a pratiqué cela si
ponctuellement & exactement, qu'il
causa de l'admiration dans l'esprit
des Religieux , lesquels publioient
par tout n'en auoir iamais veu vn
semblable , & iugeoient comme impossible pouuoir s'en rencontrer qui

gouuernât auec tant d'exemple, de
prudence, de iuſtice, d'amour, de zele
& d'humilité comme luy. Or,
comme Dieu veut que la vie des
bons ſerue de flambeau & de lumiere pour eſclairer les autres, & les obliger à glorifier ſa diuine Majeſté; la
modeſtie de ce Pere n'euſt point
aſſez de force pour cacher l'eſclat de
la ſienne dans les deſerts; car il s'eſ-
pandit en peu de temps par tout le
pays; & la renommée de ſes grandes
vertus s'eſtendit ſi fort, qu'elle atti-
ra grand nombre de peuples, hommes & femmes, leſquels venoient
faire leurs deuotions au lieu de ſa
demeure, & receuoir des aduis ſalu-
taires pour la conſolation & conduite de leurs ames: Pluſieurs pre-
noient l'habit & faiſoient profeſſion
du Tiers Ordre de ſainct François:
Sa mere voulut eſtre du nombre, à laquelle il donna le nom de ſainct

D iiij

François, & la vie spirituelle; ainsi
qu'elle luy auoit donné le nom de
François, & la vie corporelle. Vn
grand d'Espagne, & Ministre d'E-
stat, informé de sa vie, & des graces
que Dieu luy auoit departy, desira
le voir & traitter auec luy des affaires importantes de son salut : Pour
cet effect, il le fut trouuer au Conuent, & receut de luy (comme tous
les autres qui le conuersoient pour
la mesme fin) vne consolation interieure si entiere & si parfaite; que
s'en retournant il disoit à ses dome-
stiques, que s'il ne sçauoit euidemment auoir conuersé auec vn homme, il croiroit que ce fust vn Ange;
mais qu'il le tenoit comme vn Sainct
& vray amy de Dieu, pour la sublime satisfaction d'esprit, & consolation interieure qu'il remportoit de
son entretien, & que doresnauant il
quitteroit les pompes de la Cour, &

les affaires d'Eſtat, pour iouyr plus
librement d'vne ſi ſaincte & agreable conuerſation: ce qu'il executa; &
à ſa conſideration les ruines du Conuent de Laguillera furent reparées,
& l'Egliſe agrandie d'vne Chapelle,
enrichie d'vn Reliquaire qui ſert de
table d'Autel, éleué & quarré enuiron
de quinze pieds, remply d'vn nombre preſque ſans nombre de precieuſes Reliques des Saincts.

La munificence & liberalité de
ce Prince ferma la bouche à certains,
leſquels ſe défiant de la diuine Prouidence, murmuroient hautement
contre la confiance, qu'auoit eu en
elle ce bon Pere; entreprenant le ſuſdit baſtiment ſans aucune aſſeurance
de ſecours humain.

En ce meſme temps, le Conſeſ-
ſeur de la Bien heureuſe Mere Louï-
ſe venant à mourir, les Superieurs de
l'Ordre ne iugerent perſonne plus

digne que luy, pour la direction
d'vne ame ſi ſainĉte & ſi pure. Ce
choix fut heureux pour tous les deux,
attendu la ſympathie ſpirituelle de
l'amour Diuin qui regnoit dans
leurs ames, dont les penſées & affe-
ĉtions ne viſant qu'au Ciel, les en-
tretiens & colloques ne pouuoient
eſtre que doux & agreables.

Cette ſainĉte fille par deuoir de
ſoûmiſſion, découuroit à ſon deuot
Pere Confeſſeur les hauts & grands
ſecrets que ſon doux I E S V S luy re-
ueloit en ſes extaſes iournalieres; &
reciproquement ce ſage Direĉteur
fortifioit ſa chere fille dans la perſeuerance de l'humilité, luy faiſant
voir que ces graces eſtoient gratui-
tes & non ſanĉtifiantes ny confirma-
tiues: qu'elle deuoit les tenir de la
main de Dieu, non pour ſon merite,
mais comme l'effeĉt d'vne diuine liberalité; de crainte que la grandeur

des graces celeſtes par l'orage de la vaine gloire, la precipitât dans le plus profond des abiſmes; & qu'elle ſe gardât bien de demander à Dieu la continuation de ces faueurs extraordinaires; ains ſeulement, qu'il ne permît iamais qu'elle l'offençât mortellement ny venielement. Ces diſcours ſecrets & diuins ont duré quatre ans, & engendré vne ſi eſtroite amitié entre ces ſainctes ames, qu'elle eſt demeurée touſiours inuiolable, ainſi qu'ils ont teſmoignez par les lettres frequentes pleines de deuotions, & de meditations myſterieuſes, leſquelles ils s'eſcriuoient l'vn à l'autre.

Certainement, il eſt croyable que cette bien-heureuſe Mere eſcriuoit de beaux ſecrets à celuy, auquel elle auoit découuert tant de fois ſon cœur, & les choſes hautes & ſublimes que Dieu luy auoit reuelé, ainſi

qu'il conſte par des memoires eſ-
crits de la main de ce ſainct Directeur.

Entr'autres, elle luy aſſeura, que la
Reyne tres Chreſtienne (que Dieu
beniſſe) auroit des Enfans : ce qu'il
tenoit ſi certain par ſa reuelation,
que dix ans auant les couches de ſa
Majeſté ; ſe rencontrant en vne compagnie, où pluſieurs perſonnes de
grand merite, en ſcience & en vertu, concluoient pour certain que ſa
Majeſté demeureroit ſterile toute ſa
vie, il ſoûteint abſolument & déter-
minement le contraire, comme ſi
Dieu immediatement luy eût reuelé, & donna alors en ſecret pour toute raiſon à vn ſien amy, que la mere
Louyſe l'en auoit aſſeuré ſuiuant la
reuelation qu'elle auoit euë du Ciel;
mais qu'auparauant ſa Majeſté at-
tendroit & ſouffriroit beaucoup : &
apres l'euenement heureux de la

naiſſance du Roy (que Dieu conſerue) il publia hautement à chacun cette Prophetie.

REFLECTION MORALE.

O Mon ame! conſidere icy trois choſes. La premiere, l'obligation que tu
as à Dieu, te donnant vn bon Directeur
& Superieur de ta conſcience. La ſeconde, les puiſſants attraits de la Vertu, laquelle attire & charme les cœurs de chacun. La troiſieſme, la douceur d'vne amitié fondée ſur la vertu.

Quant à la premiere : penſe que
c'eſt vne grace ſpeciale de la diuine Bonté, que tu ſois gouuernée
par vne perſonne prudente & diſcre-
te, qui ne te precipite pas dans des extre-
mitez de douceur ou de rigueur, Sincere,
qui ne te diſſimule pas ton deuoir; Exemplaire qui t'anime à la Vertu, & deſin-
tereſſée, ne recherchant que la gloire de

Dieu, & ton ſalut ; car ſi tu és ſujete à la
conduite d'vn indiſcret ou ignorant, ta
conſcience n'eſt pas en ſeureté ; ſi flateur
ou diſſimulé : le vice te ſera permis : ſi vi-
cieux, ſes inſtructions, ſes loix & con-
ſeils ne ſeront point animez. Si intereſſé, il
te liurera au demon pour vn denier, &
te vendra vn deſplaiſir eternel, pour la
complaiſance temporelle d'vn ſeul moment : Rends donc graces à Dieu du bon-
heur que tu poſſede d'vn Directeur de ton
ſalut, & dépoſitaire de tes volontez, lequel eſt doüé des qualitez neceſſaires
comme eſtoit ce parfait Religieux, &
aſſujetis entierement ton eſprit & ta
volonté à ſa conduite, ſi tu peux viure
en ſeureté de ton ſalut, d'autant qu'il
doit rendre conte de toy deuant Dieu : ouure luy ton cœur, découure luy tes penſées, & propoſe luy tes ſcrupules librement, tenant ſes reſolutions pour regles
certaines de ta guide ſpirituelle, &
tu auras le repos d'eſprit, & l'in-

demnité de tous crimes.

En second lieu, si tu recherche l'honneur comme tu es obligée, à moins d'vne
stupidité insuportable, tiens pour assu-
ré que iamais tu ne le trouueras qu'en la
vertu, dont il est l'appanage, ainsi que la
honte, celuy du peché; C'est l'experience
des bons, & la confession des méchans:
l'exemple est tout recent en la personne de
nostre tres vertueux Pere, lequel a contraint par la candeur éuidente de sa vie,
& de ses mœurs, tout le monde de l'esti-
mer & honorer au dessus des autres.

En dernier lieu, considere la douceur
& satisfaction de l'amitié fondée sur la
vertu; car comme Dieu seul peut combler
ton cœur d'vne veritable ioye, l'amitié
saincte estant vne participation for-
melle de l'amour increé de Dieu: Il est
impossible qu'elle soit le lien de deux
amans sans leur communiquer vne ioye
celeste, & vne douceur toute diuine qui
dure eternellement, & va iusqu'au Ciel:

comme pieusement nous pouuons croire qu'experimentent maintenant ces deux diuins amans, la mere Louyse de Carion & son Confesseur le Pere Fernandez.

Méprises donc (ô mon ame) l'amitié mondaine qui ne cause que troubles, amertumes & tristesses ; plus fragile que le verre, & plus passagere qu'vn éclair, & attache-toy à la Diuine, fondée sur la Vertu, qui te comble de ioye & dure à iamais.

CHAPITRE VI.

Comme Dieu soustrait quelquefois les consolations spirituelles à ses amis pour de bonnes fins, ainsi qu'il a fait à ce deuot Directeur Comme la Reyne le choisit pour son Confesseur : & sa conduite saincte & Religieuse.

OR, encor que la grande consolation des ames deuotes soit tres-iuste & agreable à Dieu, toutefois

fois ſa Diuine Majeſté voulant, ou
les humilier ou éleuer leurs cœurs
aux deſirs d'vne autre vie plus parfaite que celle-cy, ou pour des raiſons reſeruées aux ſecrets de ſon Sacré Cabinet; elle-la leur ſouſtrait en
ce monde, comme elle a fait à la
Mere Louyſe de Carrion, & au Pere
Fernandez, par vne ſeparation de
preſence corporelle, & vn éloigne-
ment de l'vn d'auec l'autre, de deux
cens ſoixante lieuës, ſe ſeruant d'vne
occaſion non moins auantageuſe à
l'Ordre de ſainct François, qu'ho-
norable à ce Pere.

Quand l'alliance ſe fit entre les
deux Couronnes de France, & d'Eſ-
pagne, par le Mariage du Roy Tres-
Chreſtien Louys XIII. dit le Iuſte
(dont l'ame ſoit au Ciel) auec la tres-
Auguſte Princeſſe Anne Maurice
d'Auſtriche, à preſent Reyne tres-
Chreſtienne, & Mere tres-hono-

E

rée de noſtre Roy auſſi Tres-Chreſ-
ſtien Louys XIV. dit Dieu-Donné,
(que le Ciel comble de benedictions)
le Roy Catholique, & ladite Reyne
ſa chere fille voulant fauoriſer le
ſuſdit Ordre comme ils ont touſiours
fait à l'imitation de leurs illuſtres
& pieux Anceſtres, choiſirent deux
Religieux des plus celebres & fa-
meux du pays, l'vn nommé le Pere
François de Arriuas, Lecteur Iubilé,
& Calificateur du ſainct Office,
pour Confeſſeur de Sadite Majeſté;
L'autre pour aſſiſtant, & en cas de
neceſſité, pour ſuppleer au defaut du
premier; Sçauoir le Pere Fernandez, ſurnommé de ſainct Gabriel
par la ſuſdite bien-heureuſe Mere
Louyſe.

Ce bon Pere ſouſtint alors vn
grand choc entre ſa ſatisfaction
propre, & l'obeyſſance deuë aux
Princes Souuerans & aux Supe-

rieurs. Trois raisons le chocquoient;
la priuation du doux & celeste entretien auec sa chere fille : le mespris qu'il professoit des honneurs du
monde, & l'humble sentiment de son
insuffisance. Trois autres l'encoura-
geoient; le renom des vertus heroïques, & des bontez sans pareilles de
sa Majesté; le Conseil de sa saincte
penitente, & l'obeyssance deuë aux
Souuerains & aux Superieurs. Les
dernieres preualurent, & gagnerent
sa resolution pour abandonner tous
ses propres interests, & accompa-
gner le susdit Pere, le seconder &
assister au seruice de sa Majesté.

Il demeura six ans depuis l'arri-
uée de la Reyne en France, iusqu'à
la promotion du susdit Pere à l'E-
uesché de Kiudad-Rodrigo ville
Frontiere de Castille la vieille & de
Portugal. En tout ce temps il preschoit & celebroit la saincte Messe

deuant ſa Majeſté Tres-Chreſtien-
ne : & de ſurplus, il adminiſtroit les
Sacremens de Penitence, d'Eucha-
riſtie, & autres neceſſaires aux domeſtiques nationaux de ſadite Majeſté. Par ces religieux exercices, il
donna vne ſi bonne odeur de ſa vie,
& vn exemple de ſes mœurs ſi ſainct;
que le vingt-deuxieſme de Ianuier
1622. aâgé de cinquante-trois ans, la
Reyne le choiſit, & declara iuſtement ſon Confeſſeur, & en memoire de cette grace (quoy que non re-
cherchée) tous les ans il faiſoit
chanter vne Meſſe le iour de ſaincte
Agnes pour leurs Majeſtez Tres-
Chreſtiennes. Il ſemble que le deſſein de la diuine Sageſſe en cette Promotion, fut de confondre & détrui-
re l'abus de ceux qui eſtiment la vertu, & la vie religieuſe incompatibles
auec les grandeurs & honneurs de la
Cour; car c'eſt là où elles brillent &

esclairent dauantage, leur lumiere n'estant point cachée sous le boisseau, mais posée sur le chandelier, pour luire & espandre sa clairté à toute la Cour, & presque à tout le monde.

C'est ce qu'a fait ce Reuerend Pere par l'eclat de ses vertus, autant admirables que rares, & singulieres à des Religieux Courtisans. Chacun est tesmoin de la candeur de sa vie, de la probité de ses mœurs, de la grandeur de sa pieté, de sa modestie, de son humilité, de sa prudence, de sa douceur, & des autres belles qualitez requises à vn parfait Religieux qui frequente la Cour.

Il n'alloit à la Cour que pour la fonction de sa Charge, & rarement pour des choses necessaires, desquelles il ne pouuoit s'excuser. Quand il y estoit, attendant la commodité de voir & parler à sa Majesté, il se re-

tiroit à part, s'il n'en estoit diuerty
par des personnes d'authorité, ou
pour des affaires concernantes sa
Charge. Estant seul, il s'entretenoit
par vne saincte adresse à l'Oraison
mentale, ou à la lecture de quelques
Liures deuots qu'il portoit tousiours
auec soy : Il faisoit cela pour ne perdre vn moment de temps; Il gardoit
toutefois les loix de la courtoisie &
ciuilité humaine, saliiant auec humilité grands & petits; escoutant pa-
tiemment, & respondant gracieu-
sement à ce qu'on luy proposoit.

Il obseruoit estroitement cette
maxime, de ne se méler des intrigues
de la Cour, ny des affaires d'Estat,
mais purement des choses ausquel-
les il croyoit estre obligé selon sa
conscience. Cette prudence l'a rendu si recommandable à leurs Majestez & aux Grands du Royaume, que
parmy les tempestes & orages des

mal heurs , & difgraces qui tom-
boient fur les teftes des plus fins &
adroits de la France. L'efpace de tren-
te-fept ans qu'il a efté à la Cour, il
n'a iamais donné le moindre foup-
çon de fa fidelité : bien au contraire,
par fes foins affidus , & aduis falutai-
res , il s'eft conferué les cœurs des
vns, & par fa fincerité il a empefché
l'efprit des autres , de gauchir au iugement de fes penfées , & de clocher
à l'interpretation de fes mœurs,
eftant eftimé de tous , & non hay de
perfonne.

Le defunct Roy (d'heureufe memoire) luy a donné plufieurs fois
l'Eloge d'vn homme fans malice , &
d'vne vertu extraordinaire , difant
qu'il croyoit eftre redeuable à fes
prieres , de la grace faite à fa perfonne, & à la France, par la lignée &
fucceffion d'Enfant.

Certainement, ce Iufte Monar-

que auoit grande raiſon de parler de
la ſorte; car apres l'intereſt perſonnel
de leurs Majeſtez, le plus ardent deſir de ce bon Religieux, & la plus
feruente de ſes prieres, en ce qui concerne les neceſſitez de cette vie,
eſtoient pour les heureuſes couches
de la Reyne, comme depuis l'agreable euenement & glorieuſe iſſuë:
celuy fut vn ſujet de ioye ſi parfaite, que les larmes couloient de ſes
yeux toutes les fois qu'il y penſoit ou
en parloit , iuſqu'à plus de ſix ans
apres, proferant ces ſacrées paroles
du bon vieillard ſainct Simeon; *Nunc
dimittis ſeruum tuum Domine*, &c.

Et comme de l'abondance du
cœur la bouche parle, particulierement & lors que ce premier viuant
& dernier mourant , eſt agité d'v-
ne paſſion vehemente ; ce ſainct
Religieux teſmoigna l'abondance & la force de ſa ioye, non ſeule-

ment par ses paroles & actions, mais
encore par ses lettres, escriuant à
quantité de personnes (contre son
ordinaire) pour leur faire part de sa
réjouyssance ; entr'autres, il en es-
criuit vne à ce grand Ministre d'E-
stat le Cardinal de Richelieu, employé pour lors aux affaires vrgen-
tes du Royaume à Magny en Pi-
cardie, ce qu'il n'a iamais fait auparauant ny depuis ; dont voicy la teneur & la response.

EMINENTISSIME SEIGNEVR,

Dieu soit nostre lumiere, &
donne à vostre Eminence ja saincte grace, auec vne entiere santé
& prosperité, ainsi que ie desire
& demande iournellement, en

mes prieres & sacrifices, quoyqu'indigne & grand pecheur; Puisque
Dieu a regardé des yeux de sa misericorde l'humilité de la Reyne, &
a exaucé les prieres de leurs Majestez, & des sainctes ames, lesquelles ont demandé auec ardeur
& ferueur depuis tant d'années
vn Dauphin, & fruict de benediction, pour la seureté & conseruation de la Couronne Royale.
Ie craindrois estre digne de repri-
mende, comme ingrat, ou negli-
gent, si ie gardois silence en vn
sujet de si grande importance, &
auquel ie prens plus d'interest qu'à
tout le bon-heur qui me pourroit
arriuer au monde. Partant, MON-
SEIGNEVR, i'annonce à vostre
Eminence les bonnes nouuelles de
la Naissance de Monseigneur le

Dauphin, plein de vie & de santé graces à Dieu, plaise à sa Diuine Majesté, le conseruer longues années pour sa gloire, pour le contentement de leurs Majestez Tres-Chrestiennes, & pour le bien du Royaume. Ie redoubleray mes sacrifices pour ce sujet, & pour la parfaite santé de vostre personne, demeurant,

MONSEIGNEVR,

DE VOSTRE EMINENCE.

Le tres-humble & tres-affectionné Seruiteur & Orateur, Frere François Fernandez, Confesseur indigne de la Reyne.

A S. Germain en Laye ce 8. Septembre 1638.

RESPONSE.

*M*ON PERE, *La Lettre que vous auez pris la peine de m'escrire sur la Naissance de Monsieur le Dauphin, ne m'a pas apporté peu de ioye ; apprenant par icelle l'estat de sa bonne santé, & l'esperance qu'il donne de se faire bien nourrir, qui est la chose du monde que ie souhaite plus ardemment, & pour l'auantage de la France, & pour le contentement de leurs Majestez. Ie vous remercie du soin que vous auez eu de me faire part d'vne si bonne nouuelle, vous conjurant de croire que vous ne la pouuiez donner à*

personne qui vous aime, ny qui
soit plus que moy.

MON PERE,

Voſtre tres-affectionné à vous
ſeruir, le Cardinal de
Richelieu.

De Magny, ce 15.
Septemb. 1638.

Par ces deux miſſiues, on peut connoiſtre clairement deux choſes. La
premiere eſt, la grande ioye de ce
fidel Religieux Courtiſan ; & par
conſequent ſon parfait amour enuers la gloire de leurs Majeſtez, &
l'auantage du Royaume, puis qu'il
fit alors ce que iamais il n'auoit en-
trepris, & n'a depuis reïteré pour aucun motif.

La ſeconde eſt, le teſmoignage

de sa fidelité par la protestation d'a-
mitié, & de seruice que luy faisoit
par signature de sa propre main le
clair-voyant, & absolu Ministre du
Royaume, auquel les bien-inten-
tionnez peinoient à se faire connoistre; & les moins suspects d'infi-
delité enuers leurs Majestez, n'o-
soient resister quoy que puissants.
Car si la candeur euidente & expe-
rimentée de sa vie, & la grande sincerité de ses mœurs n'eussent étouf-
fé dans l'esprit de ce puissant Inten-
dant de la France le soupçon & la
defiance, il est certain que la circon-
stance de sa patrie ne l'auroit point
affranchy des dangers & disgraces
du siecle plus que les Enfans du
Royaume. Souuent il disoit, que le
Roy Catholique l'enuoyant auec la
Reyne, luy auoit recommandé la
fidelité deuë à leurs Majestez Tres-
Chrestiennes, & à la Couronne de

France, que fa Charge obligeoit fa confcience, & que la loy de reconnoiffance luy dictoit de preferer à toutes autres confiderations humaines, l'honneur & l'obeyffance qu'il leur deuoit, & que iamais il n'y manqueroit : comme de fait, il n'a point manqué, mais a toufiours donné de grandes marques de fa tendre & fidelle affection, & fingulierement à la Naiffance fi defirée de ce grand Monarque, & à celle de Monfeigneur le Duc d'Anjou, fe comportant comme firent autrefois certains affamez, dont la faincte Efcriture fait mention au quatriefme Liure des Roys chapitre feptiefme, lefquels ayant trouué dans le camp des Syriens, dequoy remedier abondamment à leurs neceffitez & à la famine, par vn effect miraculeux de la Diuine Prouidence ; furent touchez d'vne fi grande ioye qu'ils ne peu-

rent s'empefcher de publier à l'heü-
re mefme & fans delay ce grand
bon-heur, s'y fentans obligez par deuoir de confcience ; & fe difans les
vns aux autres. *Dies boni nuntij eft, fi*
tacuerimus & noluerimus nuntiare vf-
que mane, fceleris arguemur.

C'eft ce que difoit auffi ce bon &
fidel Religieux Courtifan, rauy de
ioye pour des Naiffances fi admirables, lefquels combloient le plus
grand de fes fouhaits, & donnoient
le repos à fon efprit.

Ce bon-heur de la France diuin
& miraculeux, obligea certains de
faire à ce Pere comme vne repara-
tion d'honneur, compofant des vers
à la loüange de fa viue & ferme foy,
de laquelle ils s'eftoient auparauant
mocquez. On ne fçauroit affez exprimer la fatisfaction de fon efprit
en ce rencontre dés que les yeux de
fon corps auoient pour object ce
grand

grand Roy, Dieu-Donné, & ce ra-
uiſſant Prince, Monſeigneur ſon
Frere. Il s'emportoit à des admira-
tions continuelles, auſſi bien ſur les
derniers iours de ſa vie, comme en
celuy de leur naiſſance; & leuant les
mains iointes au Ciel diſoit, *Sit no-*
men Domini benedictum, à Domino
factum eſt iſtud & eſt mirabile in oculis
noſtris.

Et ſe reconnoiſſant particulierement obligé à la Diuine Majeſté par
l'accompliſſement de ſes ſouhaits,
il luy rendoit iournellement des
actions de graces, non ſeulement en
ſes prieres & ſacrifices: mais encor
faiſant redoubler les Meſſes qu'il
auoit dés long-temps auparauant recommandé en pluſieurs endroits,
meſme en l'Egliſe de ſaincte Marie à Laejos ſon lieu natal; où dés le
temps que ſa Majeſté l'a eſleu ſon
Confeſſeur, on a toutes les ſemaines

celebré vne Meſſe deuant vn Crucifix de grande veneration , pour la
ſanté & proſperité de leurs Majeſtez
Tres-Chreſtiennes ; ce qui ſe pratique encor par le ſoin de ſon neveu & de ſes niepces.

Enuiron deux heures auant mourir, il dit à vn ſien amy qu'il ſouhaitoit & prioit Dieu que bien-toſt,
trois choſes arriuaſſent ; le ſacre du
Roy, ſon mariage, & la paix generale ; & recommanda au meſme, de
teſmoigner à la Reyne qu'il mouroit redeuable à ſa Majeſté , comme
vn enfant à ſa chere & honorée
mere : à quoy ſadite Majeſté repli-
qua , imitant l'humilité de la ſaincte
Vierge Mere de Dieu ; ha! ne me dites point cela , car ie n'eſtois que ſa
tres-humble fille.

Ces reſſentimens eſtoient iuſtes
& dignes d'vn ſainct homme, puiſque tout le monde ſçait l'eſtime que

sadite Majesté faisoit de luy, les soins
& les bontez, plus de mere que de
Reyne qu'elle a eü pour luy : à iuste
raison aussi sa Majesté luy tesmoi-
gnoit-elle tant de bien-veillance,
puisque Dieu l'auoit assorty de si
rares & sublimes perfections, & specialement de celles qui sont requises
aux Directeurs spirituels des Souuerains de la terre. Car l'esclat des
vertus interieures de son ame bril-
loit par admiration en ses actions
exterieures ; il estoit graue en son
maintien, discret en ses paroles, re-
tenu en ses regards, modeste en ses
gestes, affable en sa conuersation,
agreable en son entretien , dont le
sujet estoit tousiours des choses hon-
nestes, pieuses, doctes, & vtiles, qui
eschauffoient doucement, ou à l'a-
mour de Dieu, & pratique des Vertus, ou à la lecture, & estude des bons
Liures.

Entre les dons naturels de son
ame, il iouyſſoit d'vne memoire ſi
heureuſe, qu'elle luy fourniſſoit encor ſur le declin de ſa vie, les eſpeces
de tout ce qu'il auoit appris en ſa
ieuneſſe ; de ſorte qu'à tout moment
il auoit des ſentences de la ſainĉte
Eſcriture, ou des Peres & Doĉteurs
de l'Egliſe, ou d'autres Autheurs ſacrez & prophanes, auec vne affluence de prouerbes Eſpagnols recrea-
tifs, mais honneſtes ; la pluſpart deuots & vtiles à l'inſtruĉtion des
mœurs. Il recitoit iuſqu'à deux &
trois cens vers ſur des ſacrez Myſte-
res, particulierement de l'Incarnation, & du Tres-Auguſte Sacrement de l'Autel ; de ſorte, que ceux
qui entendoient la langue Eſpa-
gnole receuoient vne ioye indici-
ble en ſa compagnie, & en ſortoient
inſenſiblement tous pleins de zele
pour la Vertu, & d'auerſion au pe-

ché. Iamais il ne souffroit l'offence
de Dieu ny du prochain pouuant
l'empeſcher; car il corrigeoit auec
tant de douceur, ou diuertiſſoit les
occaſions auec tant d'adreſſe , qu'on
prenoit garde auant rien faire, ne dire, de ne le pas ſcandaliſer. Ceux qui
l'ont conuerſé familierement peuuent auoir experimenté que la conſtance de ſa vertu eſtoit fondée particulierement ſur deux principes de
la perfection Chreſtienne, leſquels
il auoit appris du deuot S. Bernard,
comme il dit en ſon Liu. du chemin
des iuſtes.   Le premier, de n'eſtre
attaché & ne faire aucune eſtime des
choſes du monde au prejudice de la
conſcience & d'vne ſaincte tranquilité d'eſprit : Pour cet effect , il
confeſſoit ne meriter pas tant de
ſubſiſter ſur la terre que la moindre
de toutes les creatures , & qu'il n'e-
ſtoit point ſi digne d'agreer à Dieu,

que le plus imparfait de tous les
Chreſtiens. Il iugeoit, & parloit
touſiours bien de chacun, nonob-
ſtant ce qu'on luy diſoit & faiſoit,
ou qu'il voyoit, interpretant toutes
choſes charitablement; & attri-
buant à la bonne intention, ce que
les ſens ne pouuoient excuſer. Iamais il ne ſe loüoit, ny vouloit eſtre
loüé, en quelque compagnie que ce
fuſt; & quand le ſujet de l'entretien
pouuoit luy cauſer quelque loüange, il teſmoignoit ſur ſon viſage vne
certaine pudeur, & fermant les yeux
il produiſoit interieurement & exterieurement vn acte d'humilité, auec
ces belles paroles: *Soli Deo, honor, &*
gloria; & en ſon langage: *para gloria de*
Dios ſea todo. Il cachoit ſes vertus, &
s'acculoit d'imperfections: il diuertiſſoit modeſtement les diſcours
vains & ſuperflus, par d'autres edifi-
catifs & vtiles : La proſperité ne dé-

regloit point ſa ioye, ny l'aduerſité
ſa triſteſſe, ayant en telles occuren-
ces cette diuine ſentence à la memoire, *in die bonorum, memor eſto ma-*
lorum; (t) in die malorum memor eſto bo-
norum. C'eſt à dire proprement
ſelon ſa penſee; que quand on a du
bien & du contentement en ce monde, on doit penſer aux peines eternelles des damnez, pour les ap-
prehender, & ne pas s'oublier dans
les proſperitez paſſageres; comme
au contraire, lors qu'on ſouffre en
cette vie, il faut ſe repreſenter la gloire immortelle des Bien heureux,
pour l'eſperer & acquerir par les
ſouffrances animées de patience. Les
defauts & les vertus des autres luy
ſeruoient de miroüers, les vns pour
la correction de ſes mœurs dans le
beſoin, ou pour conceuoir plus de
haine contre le peché; les autres,
pour l'imitation, ou pour vne plus

grande perfection. Il s'eſtudioit
de n'affliger perſonne, & conſoler
chacun.

Le ſecond principe fondamen-
tal de ſa conſtance; eſtoit, l'attache
ſi forte de ſon cœur auec Dieu, que
pour aucune choſe du monde, il ne
vouloit rien dire ny faire qu'il ne
crût eſtre agreable à la Diuine Majeſté. Son intention eſtoit ſi pure &
droite en ſes déportemens, qu'elle ne
viſoit qu'à l'amour & à la crainte de
la Souueraine Majeſté. D'où vient
qu'il prenoit garde de ne faire aucune action ſecrete contre la Loy Diuine & contre ſa conſcience; d'autant (diſoit-il) que Dieu, qui en doit
eſtre le Iuge, voit auſſi bien de loin
que de prés les choſes cachées que
les manifeſtes. Il s'eſtudioit de ne dé-
mentir point ſa profeſſion, ſous pre-
texte des priuileges accordez à ſa
Charge, n'ayant iamais voulu en

vſer que quand il y a eſté contraint
par vne neceſſité éuidente, & apres
pluſieurs declarations & permiſſions
des Souuerains Pontifs, des Cardinaux Protecteurs de l'Ordre, & de
ſes Superieurs Generaux, adjouſtans
encor les reſolutions des plus ſça-
uans Docteurs, aux iugemens deſ-
quels il ſe ſoûmetoit, pour ne point
errer, ny manquer en ſes actions, ny
quant à la ſubſtance, ny quant à la
façon. Cette grande perfection religieuſe, iointe à la condition de
Confeſſeur d'vne Auguſte & Tou-
te-puiſſante Reyne de France, a fait
éclatter ſi fort le renom de ſes vertus
par toute la Chreſtienté, & particulierement à Rome; que les Papes &
les Cardinaux vrais Colonnes de l'E-
gliſe en faiſoient eſtime ſinguliere;
pluſieurs luy eſcriuoient, deſirans
participer à ſes prieres.

Entr'autres, l'Eminentiſſime Car-

dinal François Barberin, Protecteur
de l'Ordre de sainct François, auoit
vne grande confiance au merite de
ses bonnes œuures, esperant par iceluy les graces du Ciel, requises à la
digne administration de sa Charge,
ainsi qu'il conste par les lettres qu'il
luy a escrit, l'vne desquelles suffira
maintenant, & dont voicy la teneur.

A TRES-REVEREND PERE,

Le Tres Reuerend Pere, Frere Fran-çois Fernandez, Confesseur de la Reyne Tres Chrestienne,

A Paris.

TRES-REVEREND PERE,

Le lieu que voſtre Paternité me ſignifie auoir aſſigné pour moy en ſes Sacrifices, & autres pieux & religieux exercices, eſt vn acte de ſa bonne iuſtice, puiſque priuatiuement à tout autre i'eſtime ce qui regarde ſa perſonne, aimant & honorant au ſouuerain degré ſa vertu exemplaire & ſa rare prudence. I'attribuë toutefois cette faueur au ſeul mouuement de la bien-veillance ſur-abondante, & exceſſiue de voſtre paternité en mon endroit, & luy en rend affectueuſement les graces poſſibles, deſirant me rendre doreſnauant encor plus digne de la

continuation de son assistance par
ses sainctes prieres , attendu la
grande necessité que ie reconnois en
auoir pour la iuste fonction de ma
Charge; & particulieremēt en ce qui
concerne le gouuernement de l'Ordre de sainct François, pour la plus
grande gloire de Dieu, & pour le
bien de cette Religion Seraphique.
Ie remercie aussi vostre Paternité,
auec les mesmes sentimens d'affection & d'obligation , du Liure
qu'il luy a plû m'enuoyer ; ie le reçois comme effect de sa charité &
saincte amitié, l'asseurant qu'il seruira pour m'instruire , & animer à
l'estude de la perfection qui me
manque; mais que ie deurois, &
voudrois auoir, sinon abondamment, au moins suffisamment: Ie
supplie de tout mon cœur vostre

Paternité, de trauailler auec moy par le moyen de ses saincts exercices, pour obtenir de Dieu l'esprit & la grace necessaire à cet effect: car i'ay vne grande confiance en son appuy spirituel.

DE VOSTRE PATERNITÉ,

Le tres-affectionné en nostre Seigneur,
François, Cardinal Barberin.

A Rome, ce 10.
Iuillet 1644.

Cette lettre seule donne plus à connoistre que beaucoup d'autres ensembles, l'éclat des brillantes vertus de ce Reuerend Pere, lequel s'est espandu iusques dans la ville capitale du Christianisme; puisque l'vn des plus spirituels & plus Eminens Cardinaux, Conseruateurs & Defen-

ſeurs de la Foy Catholique , qui à
ſeruy tant d'années d'organe au ſie-
ge Apoſtolique , & par conſequent
au Sainct Eſprit pour l'information,
approbation, & declaration des bonnes mœurs de l'Egliſe , & de ſes enfans : Parlant auec ſincerité de ce
Pere, appelle ſa vertu exemplaire, ſa
prudence rare; prefere la participation de ſes prieres à toutes les richeſſes & grandeurs du monde;
prend ſes inſtructions pour guide de
ſon ſalut , & met ſa confiance en
l'aſſiſtance de ſes ſaincts exercices:
Car c'eſt vne marque euidente que
ce grand Prince de l'Egliſe deuoit
eſtre bien informé de la pureté de ſa
vie, non pour l'auoir conuerſé, mais
par le rapport vniuerſel des perſonnes de probité & dignes de foy; leſquelles publioient par tout ce qu'elles auoient experimenté de la candeur de ſon ame , & du bon exem-

ple de ſes mœurs.

Il n'a point voulu demeurer dans les Louures, ny dans les Palais, mais il s'eſt retiré auec ſes Confreres autant que la commodité luy a permis.

Il a fuy les honneurs & les ri-cheſſes pluſieurs fois: on luy a pre-ſenté des Eueſchez, leſquels il a re-fuſé. Quelques Miniſtres d'Eſtat & autres perſonnes de condition, croyant le fauoriſer, luy ont fait of-fre, d'or, d'argent, & d'autres choſes precieuſes; mais il les a meſpriſez; reſpondant honneſtement, qu'il fe-roit tort à la bonté de la Reyne s'il les acceptoit; d'autant que ſa Maje-ſté eſtoit aſſez puiſſante, & liberale pour luy donner les choſes neceſſai-res à ſon entretien, & qu'il n'en ſouhaitoit point dauantage. Iamais il ne s'eſt approprié de caroſſes, ny d'autres appareils, qui teſmoignaſ-

sent, ou peussent donner aucune va-
nité, sans toutefois hypocrisie; car
ayant necessité euidente & connuë
à tout le monde, il s'est seruy librement de carosses & lithieres de la
Reyne , & a vsé en sa vieillesse de
chausseures mediocres, & des autres
choses necessaires à la vie d'vne personne de sa condition , viuant non
selon la sagesse humaine, mais se con-
duisant selon la Diuine, qui recommande la raison & mediocrité en
toutes les actions. Il conseilloit la
mesme chose à ceux qu'il voyoit
trop ardens & sans discretion entre-
prendre quelque grande mortifica-
tion ou projet difficile ; apportant
ces paroles de sainct Paul aux Ro-
mains chapitre 12 *Non plus sapere,*
quam oportet sapere. sed sapere ad so-
brietatem sicut diuisit Deus vnicuique
mensuram fidei : & ces mots prece-
dens , *rationabile obsequium vestrum.*

Il difoit fouuent que la feule obeyffance, auec les refpects qu'il deuoit aux heroïques vertus de la Reyne, & à la reconnoiffance de fes royales bontez, l'auoient amené en France, & le retenoit à la Cour : ce qu'il témoignoit eftre veritable par l'entier d'étachement des chofes de la terre, fe contentant d'vn habit vil, d'vne petite cellule, & des meubles purement neceffaires à l'entretien d'vn pauure Religieux. Quelques années auant fa mort, fon frere affiftant adjoufta vn embelliffement vtile à fa chambre, quoy que petit, il y témoigna grande repugnance, difant que cela dérogeoit à la pauureté d'vn Religieux de fainct François. L'amour de la chafteté auoit tant d'empire fur fes paffions, qu'il luy fourniffoit de puiffantes precautions contre les dangers d'impureté, ne voulant iamais conuerfer auec

G

les femmes, que contraint par vne
grande neceſſité, ou ciuilité requiſe
à vn Religieux parfait de la Cour,
d'où s'eſt enſuiuy vne choſe autant
digne de remarque que d'admiration;que ni les occaſions puiſſantes &
frequentes à ceux qui ont credit chez
les Souuerains, ny les chagrins de
ceux qui ne pouuoient reüſſir par
ſon moyen en leurs pretentions, ny
la malice ou enuie des autres, ny la
legereté d'eſprit, ny la facilité des
langues médiſantes n'ont iamais pû
tacher & noircir ſa pudicité d'vn
ſeul ſoupçon apparent, ny meſme
d'vne ſeule parole, tant la candeur
de ſon ame luy donnoit de circonſpection.

REFLECTION MORALE.

O Mon ame! tire de ce diſcours trois
conſiderations; ſçauoir ta reſolution,lors que tu és priuée des douceurs ſpi-

rituelles en tes deuotions; la maniere de
ta conuersation auec les hommes, & le
fidel seruice que tu dois à tes Souuerains.

Quant à la premiere, tu ne dois refroi-
dir ta deuotion, si tu ne sens pas tousiours
la consolation interieure que tu souhai-
terois; car la Sagesse Diuine contraire à
la tienne, n'a ordonné la perpetuité de la
ioye que pour le Paradis : Lors donc
qu'en tes Deuotions, Oraisons & Com-
munions, le feu diuin ne brusle point si
fort en ton cœur, & que tu sens vne tie-
deur qui te priue de ioye spirituelle, ne
perd point courage; mais recherche si quelque peché secret n'en est point la cause, &
en demande le pardon; ou souuiens-toy
qu'en cette vie, Dieu ne s'est point engagé de te combler de ioye continuelle, de
peur que l'amour que tu luy dois, dege-
nere à celuy que tu as pour toy, comme il
arriueroit, si tu l'aimois seulement pour
la consolation que tu en esperes : Souffres
qu'il t'en priue pour des raisons connues

à luy seul ; & souuent pour te les faire
mieux gouster, ou pour t'en donner d'autres, comme il a fait au Reuerend Pere
Fernandez, le priuant de la douce &
celeste conuersation de la Mere Louyse,
afin de luy donner la conduite d'vne
ame tres-auguste en majesté, & admirable en pieté.

Quant à la seconde, souuiens-toy que
plus l'homme conuerse auec l'homme,
moins il deuient homme, à cause des distra-
ctions d'esprit, des discours superflus,
vains, remplis d'embaras & de perils,
d'offenses de Dieu & du prochain : tu
tireras plus de profit en vne heure de
recueil en toy-mesme, pour mediter les
grandeurs de Dieu, & la bassesse de ton
neant, ou t'entretenir à la lecture des
bons Liures, & à l'exercice des œuures
pieuses, que tu ne ferois toute ta vie en
semblables compagnies, dont l'esprit est
directement opposé à celuy de Dieu ; &
les maximes contraires à celles du par-

fait Chriſtianiſme. Efforce-toy de les
éuiter, ⁊ de trauailler à ton ſalut tandis
que tu as le temps; ſoit en ton particulier,
ou auec quelque perſonne deuote ⁊ ze-
lée pour la perfection de la vie ſpirituelle; afin que par cette ſympathie d'eſprit ⁊ de bons deſirs, les penſées ſoient
ſainctes, les diſcours innocens, ⁊ les
actions de bonne exemple; ſi toutefois
la ciuilité ou neceſſité des affaires t'en-
gagent à quelques compagnies, munis-toy
auparauant de puiſſantes precautions,
pour te garentir ⁊ affranchir du peché,
contre la ruſe du demon, ⁊ la malice
des hommes; teſmoignant autant d'a-
uerſion, de voir pecher ton prochain, que
d'inclination pour ſon ſalut. Ne preſtes
point l'oreille, ou du moins le conſentement, ny auſſi ta langue aux mauuaiſes
paroles, comme ne faiſoit iamais le Pere
Fernandez, lequel a obſerué exactement
ces trois conditions, dictées par le Sainct
Eſprit, au Pſal. 14. Pour ſuiure le chemin

G iij

du Ciel, ſçauoir, Qui non egit dolum in lingua ſua, nec fecit proxime ſuo malum & opprobrium non accepi aduerſus probanos ſuos; *Il n'a point vſé mal de ſa langue, ny fait tort à ſon prochain par malice, iniure ou opprobre.*

Quant à la troiſieſme, ne crois pas (ô mon ame) eſtre affranchie de la fidelité & obeyſſance deuë à ton Roy, encor que tu ne ſois point de ſes domeſtiques, car non ſeulement tu és obligée d'honorer ſa perſonne, mais auſſi ſes volontez, ſes loix, & ſes miniſteres; la nature te l'enſeigne, la raiſon t'y oblige, la loy t'y engage, la conſcience te le dicte, Dieu te le commande, ton ſalut t'y intereſſe, toutes choſes t'y conuient: ſi tu ne le fais, tu degenereras du commun de l'vniuers; tu ſeras moindre que les beſtes, l'opprobre d'vn gibet, la paſture des vers de conſciences, l'object de la Diuine Iuſtice, & le ſujet de la rage infernale.

Partant, penſe, ô mon ame! que la

principale de tes obligations *sur terre*,
estant d'obeyr à ceux qui portent sur le
front la sacrée Image de ton Dieu vi-
uant:tu dois clore les yeux à tes propres
interests, & preferer l'hommage deu au
Souuerain, à tous respects hnmains, tenant pour indubitable que tu n'as qu'vn
Roy, non plus qu'vn Dieu, & que tu
agreeras à l'original, honorant la copie.

L'humilité te seruira de guide, specialement si elle est accompagnée d'vne
pureté de cœur, ainsi qu'elle estoit en la
personne du Reuerend Pere Fernandez,
comme il apparoist en l'Histoire de sa
vie.

CHAPITRE VII.

De son Obeyssance, de sa Charité, & de ses autres Vertus.

SON obeyssance paroissoit d'autant plus meritoire, que moins
elle estoit contrainte & plus exacte;

car encor que par le vœu de Religion il y fut engagé, neantmoins ses
Superieurs generaux l'auoient dif-
pensé par patentes expresses de la de-
pendance des Superieurs subalter-
nes & locaux à raison de sa Charge.
Or, nonobstant cette dispense legitime, il s'est tousiours soûmis à leurs
volontez plus que le moindre des
Religieux.

Les susdits Peres generaux luy
ont commis plusieurs fois leur authorité, tant pour iuger & terminer
les differens des Religieux, que
pour presider aux élections des Superieurs nouueaux ; mais par sa grande humilité, il s'en est excusé, excepté vne fois, que le Reuerend Pere
Gardien du Grand Conuent des
Cordeliers de Paris, auec tout le
Conseil de la Maison, le prierent
tres-instamment d'agreer, qu'ils le
demandassent à leur General pour

leur Commiſſaire en la future élection de Superieur, à la priere deſ-
quels il conſentit, apres de grandes
repugnances:les raiſons qu'il eut de
donner ſon conſentement furent ſi
preſſantes , qu'il ne peût charitablement s'en diſpenſer : Car comme il
eſtoit accomply en toutes les Vertus , la reconnoiſſance qui eſt l'vne
des principales de l'homme parfait,
& laquelle il aimoit ſingulierement,
ne pouuoit manquer alors de ſe produire comme elle fit, l'obligeant d'ac-
cepter cette Charge , tant à cauſe de
la longue & agreable demeure qu'il
auoit fait en ce celebre College,
qu'en conſideration de ſes amis : &
ſur tout pour y maintenir la paix,
comme ſelon la penſée de tous les
Religieux. Il pouuoit faire auec plus
d'équité & de iuſtice que tout autre,
ce qui eſt arriué: car il s'y eſt comporté auec tant de prudéce, que ſans con-

traindre ny forcer les volontez de
personne, mais d'vne voix commune, l'élection fut faite sous son authorité, d'vn des plus celebres Peres, &
des plus zelez pour le bien de la
Maison.

Trois choses contribuerent particulierement à l'heureuse & paisi-
ble issuë de cette élection ; les saintes
Prieres, les rares vertus & les paroles
energiques de ce digne, honoré &
aimé Superieur. Le sujet de ses
exhortations, fut tousiours de la charité fraternelle, sur ce verset du Psal-
me 132. que le grand sainct Augustin
appelle trompete du S. Esprit, qui
a assemblé les hommes, diuisez dans
les Monasteres, & a attiré les benedictions du Ciel sur leurs testes, &
sur tous ceux qui ont voulu l'ouyr,
s'vnissant de cœur & d'ame, comme
faisoient les Chrestiens de la Primi-
tiue Eglise. *Ecce quàm bonum, &c.*

Ce bon & zelé Prelat fit fes harangues en Latin, brefues & fuccintes, mais edificatifues; remonftrant l'excellence & l'vtilité de l'vnion fraternelle, comme du contraire, les mal-heurs & les ruines que caufe la diuifion.

Il fit voir quelles font les conditions requifes à vn vray Superieur, & le deuoir des inferieurs, leur humilité en l'obeyffance, leur pauureté dans les fouffrances, leur pureté dans le mefpris du monde, & en la fuite de Iesvs-Christ.

Ces exhortations rauirent les cœurs de tous les Religieux, par la force de la charité, dont elles eftoient animées, & leur cauferent vne confolation toute extraordinaire.

Et bien dauantage, pour auoir occafion de meriter extraordinairement, ou autant que le moindre de

tous les Nouices : Dix ans auant ſa
mort, il reſigna ſa volonté entre les
mains de ſon compagnon, duquel
il eſtoit Superieur.

Or, parce que toutes les vertus
ſont friuoles & inutiles ſans la charité qui en eſt l'ame, la baſe, le luſtre,
& le comble : Il la demandoit iournellement à Dieu, duquel il a eſté
exaucé, ſelon les marques que le S.
Eſprit donne de cette ſublime Vertu par la bouche de ſainct Paul, en
ſa premiere aux Corinthiens chapitre treizieſme : Car il abhorroit entierement le menſonge, la malice,
la tromperie, l'enuie, l'orgueil, l'a-
mour propre, & aimoit ſouueraine-
ment la douceur, la benignité, la patience, & les autres vertus Chreſtiennes : Pour ce ſujet, il a ſouffert
de ſi violentes contradictions, que
luy-méme découurant ſon cœur à vn
ſien confident, il les appelloit mar-

tyrs spirituels, auoüant qu'il experi-
mentoit en sa personne la Prophetie
que Nostre Seigneur auoit faite à S.
Pierre, disant, que si en sa ieunesse, il
auoit suiuy la pante de ses volontez,
il changeroit de vie en sa vieillesse;
car il seroit conduit par vn autre
esprit, lequel le tiendroit en bride,
& le meineroit où il ne voudroit
point aller; c'est à dire, suiuant la
commune interpretation des Peres
de l'Eglise, qu'en sa vieillesse les graces souuerainement efficaces, atti-
reroient par vne douce violence son
esprit & son cœur à endurer la mort
pour la defense de la Foy Catholique, quoy que la partie inferieure
de son ame naturellement y repu-
gnast, comme elle auoit fait en
Iesvs-Christ: Donc ce Reuerend Pere, plein de douceur & de
patience, se détachoit si puissamment de ses propres interests & sa-

tisfactions legitimes , pour éuiter
le scandale , & appaiser quelques esprits remuants ; que nonobstant la
repugnance naturelle qui s'y ren-
controit: Par vne grace speciale du
Ciel, sa plus grande satisfaction se
trouuoit en son affliction, & son plaisir dans le déplaisir.

Veritablement, c'estoit vne chose estonnante ; & plus diuine qu'humaine, de voir le calme de ses passions & la tranquilité de son esprit
au milieu des tempestes & orages,
capables de renuerser les plus forts &
robustes, particulierement , quand il
s'agissoit des chocs & persecutions
de ceux , dont il connoissoit & honoroit les vertus & merites, ou de
l'oppression des innocences.

Il a donné plusieurs preuues de
cette constance, rendant le bien pour
le mal, priant & fauorisant ceux , qui
selon leurs crimes, ne meritoient que

la rigueur des chaſtimens.

Le feu de ce diuin amour brûloit
en ſon cœur auec tant d'ardeur, que
comme vn autre Moyſe entre Dieu
& le peuple d'Iſraël, de meſme luy
entre leurs Majeſtez Tres-Chreſtiennes & leurs Sujets : Il ſeruoit
d'Aduocat pour moyenner les graces aux vns, & le pardon aux autres.

Encor que ce grand homme de
Dieu aimaſt dauantage l'honneur de
ſon Diuin Maiſtre, que tout ce peuple Iuif, & enſemble tout l'vniuers;
& que par conſequent, il euſt eſté,
ce ſemble, obligé de demander le
chaſtiment contre les idolatres, qui
terniſloient la gloire de la Diuine
Majeſté ; neantmoins conſiderant
d'autre part, & que c'eſt vne action
plus glorieuſe à vn Prince Souuerain de conſeruer ſes Sujets, que de
les deſtruire, & de maintenir la vie,
que de donner la mort. Il pria ce

Tout-puiſſant Seigneur, de pardonner à ſon peuple : & pour le mou-
uoir dauantage à cette grace, ſe con-
noiſſant honoré de ſon amour, il dit
qu'il aimoit autant mourir auec ce
peuple, que de ſuruiure le voyant
ſouffrir.

Noſtre bon Pere Fernandez a en
cela fort bien imité ce benin & digne Conducteur des Iſraëlites : perſonne ne doit douter que ſelon les
loix d'honneur, d'amour paternel,
(quoy que ſpirituel) de reconnoiſſance, & autres, il ne deuſt aimer
dauantage leurs Majeſtez, que tous
les ſujets, & qu'il n'ait eſté obligé
de ſouhaiter la conſeruation de leurs
royales perſonnes, de leur gloire, &
authorité, plus que celle de tous
autres, comme il l'a aſſez teſmoigné par les maladies griefues qui
luy ſont ſuruenuës des deſplaiſirs &
ſentimens, en des rencontres où
leurs

leurs Majeſtez eſtoient injuſtement
& temerairement offenſées.

Ce neantmoins, lors qu'il a veu
la Iuſtice preſte à décocher les fleſ-
ches de ſa rigueur ſur les teſtes cri-
minelles meſlées auec les innocen-
tes;touché de compaſſion, & ſe con-
fiant en la bonté ſinguliere de leurs
Majeſtez, il prit reſolution d'inter-
uenir ; & d'autant qu'il ne le pouuoit perſonnellement, tant à cauſe
de ſa tres-grande indiſpoſition, que
pour l'impoſſibilité des paſſages entre Paris, & ſainct Germain, il de-
puta deux fois vn ſien amy vers
leurſdites Majeſtez, pour les ſup-
plier au nom de la Paſſion de I E S V S-
C H R I S T, de proteger les inno-
cents, & pardonner aux coulpables;
& quant à luy, de bon cœur il ſerui-
roit de victime, pour le chaſtiment
des meſchans ; mais qu'il pleuſt à
leurs bontez Royales donner au-

H

dience aux deputez, & retourner à Paris. Cette priere fit vne puiſſante impreſſion ſur l'eſprit de leurs Ma-jeſtez, & toucha ſi viuement leurs cœurs, que peu de temps apres elle eut ſon effect, par le coup ſouue-rain d'vne clemence royale, & par le traict admirable d'vn prudent conſeil.

Or, ſi ſa miſericorde s'eſtendoit auec tant de zele ſur le pardon des meſchants, il eſt aiſé d'inferer quelle deuoit eſtre ſa force pour la defenſe des perſecutez & calomniez. Plu-ſieurs l'ont experimenté, & s'ils ne veulent eſtre du nombre des ingrats Lepreux de l'Euangile; ils le doiuent auſſi bien aduoüer apres ſa glorieu-ſe mort, comme ils faiſoient durant l'intereſt de ſa protection en ſa vie mortelle.

Il ſe comportoit auec tant d'ar-deur, & de cœur à l'aſſiſtance des ne-

cessiteux ; qu'il souffroit plus qu'eux-
mesmes , lors qu'il ne pouuoit les
soulager, & pour se fortifier & les
autres en la patience, il disoit cette
sentence resolutiue , *quando non po-*
tes quod vis , velis quod possis ; quand tu
ne peux ce que tu veux, neveüilles que
ce que tu puisse;de sorte qu'il prenoit
en soy, & donnoit aux affligez vne
prompte & ferme resolution. Ceux
qui luy ont découuert leur cœur au
plus fort de leurs detresses & de leurs
amertumes, estant sur le poinct de
succomber , sçauent comme ils se
sentoient incontinent encouragez
& consolez par les diuins appas de ses
conseils ; comme si ses paroles & son
exemple eussent euidemment seruis
d'organe aux graces du Sainct Esprit, pour gagner des palmes & des
victoires aux persecutez & affligez.

Vn iour certains voulurent con-
tester auec luy , que la guerre

eſtoit neceſſaire, en ſix rencontres.
Premierement , pour obliger les
hommes de viure auec plus de rete-
nuë & circonſpection. Secondement, pour éuiter la laſcheté & oyſiueté mere de tous vices : Tiercement, pour teſmoigner la gene-
roſité , & le courage des hommes:
En quatrieſme lieu , pour l'exercice des armes, afin de n'eſtre pas ſurpris des ennemis : En cinquieſme,
pour conquerir des pays & Royaumes; finalement, pour la vangeance
des ennemis.

Mais il ſouſtint auec autant de
courage que de prudence , qu'en
tous les ſuſdits cas la guerre eſt injuſte, à moins qu'elle ne ſoit fondée
ſur le deſſein de faire vne bonne
paix, ou de ſe defendre, & qu'elle
n'ait l'appuy d'vne authorité legitime; d'vne droite intention , & iuſte execution. Autrement , ceux qui

entreprennent la guerre, font coupables & refponfables deuant Dieu, de tous les crimes & mefchancetez qui s'y commettent.

Cette refponfe eut tant de force fur l'efprit de ces perfonnes accariatres & mal-intentionnez à la guerre, que fe fentant prudemment condamnez, prirent refolution de quitter les armes, & embraffer vne vie parfaitement Chreftiéne & paifible; ainfi il infinuoit infenfiblement l'amour de la paix dans les cœurs de ceux qui le conuerfoient.

L'œconomie de fes exercices eftoit fi parfaite, que ceux de pieté, & de charité, ne troubloient point fes deuotions particulieres, ni la difcipline reguliere. Iamais il n'a manqué de celebrer le fainct Sacrifice de la Meffe, fans vne extreme incommodité; & alors, abfolument il vouloit y affifter à moins d'vne impoffibilité. Il s'eſt rendu aſſidu iuſqu'à l'aage de quatre-vingts ans à l'Office Diuin, ſpecialement aux Meſſes & Veſpres ſolemnelles du iour, aux Predications les Feſtes & Dimanches.

Entre toutes ſes penſées, celle de la bonne ou mauuaiſe mort eſtoit plus frequente, s'eſtudiant d'apprendre le moyen de la premiere, & d'éuiter le danger de la ſeconde. Il ſe repreſentoit ſon lict comme vn ſepulchre, & chaque iour, le dernier de ſa vie, ayant continuellement cette ſentence à la bouche; *Viue memor mortis; viuus præſtare memento; quod feciſſe prius quam moriare velis.* Souuiens toy en ta vie de la mort: tandis que tu vis, penſe de faire ce que tu voudrois auoir fait à l'heure de la mort; & ne fais maintenant ce que tu ne voudrois auoir commis alors.

Cette penſée puiſſamment gra-
uée en ſon eſprit, l'a obligé de faire
ce qu'il auoit enſeigné en ſon Liure
de la Guide Spirituelle de l'ame *page*
115. touchant les preparations de la
mort, ainſi qu'il s'enſuit.

Premierement, il faut ſe repreſenter qu'on apprend iamais vne choſe parfaitement la premiere fois, &
qu'à la ſeconde & troiſieſme, on y
trouue des defauts; partant, encor
qu'à mourir on paſſe Maiſtre du
premier coup : neantmoins, pour
bien mourir vne fois, il faut mourir auparauant pluſieurs fois par meditation ; faiſant tous les iours les
meſmes actions & prieres, que ſi on
eſtoit prés à mourir.

Secondement, ſi on tombe malade, encor que la maladie ne ſoit
point dangereuſe, il faut ſe reſoudre
de faire ſon dernier adieu au monde, pour ne pas eſtre ſurpris, comme

H iiij

il arriue à tous momens.

Troisiefmement, il eſt à propos de celebrer, ou entendre deuotement la ſainﬅe Meſſe cinq fois en l'honneur des cinq playes de Noﬅre Seigneur I e s v s-C h r i s t, & vne de la Reſurreﬁion ; ayant vne grande foy & confiance en Dieu, qu'il donnera la ſanté s'il eﬅ à propos, ou la grace finale pour mourir en bon eﬅat.

Quatriefmement, il faut demander de bon heur les ſainﬁs Sacremens auec inﬅance & ferueur, dautant qu'on merite beaucoup par le ſeul deſir de les receuoir, encor qu'ils ne ſoient point ſi toﬅ oﬁroyez : Sur tout, le Sacrement de Penitence ne doit eﬅre negligé, ny celuy de la Communion ſpirituelle ou reelle.

Cinquiefmement, les Oraiſons mentales & vocales, par interualle ſont tres-neceſſaires, pour ſe reſgner entierement à la volonté de Dieu & luy demander la patience.

Sixiefmement, auparauauant que l'efprit fe trouble, il faut donner or-dre à toutes les affaires fpirituelles & temporelles, & prier les bons amis de ne point abandonner en la mala-die par leurs fecours, & à la mort par leurs prieres.

Septiefmement, on doit faire en forte, que toutes les intentions foient executées pendant que le malade a connoiffance, & en ce qui dépend de luy, afin d'éuiter la tromperie, & l'ingratitude ordinaire des parents & amis, lefquels ne s'attachent qu'à leur intereft ; mettant en oubly, ou negligeant l'execution du tefta-ment, & des chofes recommandées.

Finalement, il eft neceffaire d'im-plorer la grace du Ciel, pour ne point tomber en peché, & fe munir de for-tes refolutions contre les affauts du demon, la malice du monde, & les horreurs de la mort.

En vn mot, il faut confiderer attentiuement, & examiner meurement fi on eſt point efgaré du chemin du Ciel, qui eſt l'obferuation des commandemens de Dieu; ainfi que refpondit Noſtre Seigneur à celuy qui le cherchoit.

Il eſtimoit fa chambre vn Ciel, & n'en fortoit que pour aller, ou à l'Eglife, ou faire fa fonction; l'oyſiueté, comme fource de tous vices luy eſtoit odieufe; & pour l'éuiter, il employoit fon temps en chofes differentes, mais toufiours fainctes, ou du moins ferieufes & honneſtes; De forte, que ceux qui l'ont conuerfé trente & quarante ans auoüent n'auoir iamais reconnu en fes actions ou en fes paroles aucune malice de propos deliberé; ce qui faifoit connoiſtre la pureté de fon cœur, cau-

foit la tranquilité de fon efprit, &
la paix de fon ame auec Dieu &
auec chacuns.

REFLECTION MORALE.

O Mon ame! fi tu veux faincte-
ment t'entretenir auec Dieu, eftre
Maiftreffe abfoluë de tes paffions, &
conuerfer agreablement auec ton prochain: tu dois t'eftudier à la paix, & demander à la Diuine Majefté la douceur
d'efprit; tu pourras l'acquerir par la pureté de cœur, droicture d'intentions, & fincerité d'actions: Si tu és entierement foû-
mife à la volonté du Tout-puiffant, ton
efprit fera calme ; fi tes paffions te font
affujeties, tu feras tranquile fi tu as autant d'affection pour ton prochain que
d'inclinations pour tes interefts, tu ga-
gneras fon cœur & viuras en repos: tu
ne peux connoiftre fi Dieu eft auec tuy
pour te combler de ioye interieure, fi ce

n'eſt par la paix, qui eſt vn principal effect de la charité, le fruict du S. Eſprit, & la beatitude de cette vie.

Si tu en recherche la ſource, Dieu eſt l'Autheur, & Legiſlateur; pour te la publier il s'eſt fait homme, & t'a donné ſes Anges; reçois là donc & la conſerue, te ſouuenant qu'elle t'eſt preſentée comme appanage des merites de I E S V S-C H R I S T , & pour marque infaillible d'enfant adoptiue du Ciel, coheritiere du Fils vnique du Pere eternel. Au contraire, penſe de grace les mal-heurs que cauſent la guerre, la diſcorde, & diuiſion, & en conçois incontinent vne horreur.

En peu de mots, le diable en eſt autheur, vne abiſme de mal-heurs, l'appanage & le feu d'enfer, la recompenſe. Quoy, ô mon ame ! voudrois-tu bien ſouffrir que les Payens conduits par la ſeule lumiere naturelle, te fiſſent rougir deuant le ſacré tribunal de Dieu, pour

auoir chery la paix plus que toy, qui en
a receu vn commandement particulier de
Dieu, & l'asseurance d'vn salaire eternel?

Ne sçais-tu pas que ces barbares luy
ont dressé des temples magnifiques, des
Autels somptueux, & rendu des homma-
ges souuerains, comme à la Deesse dispen-
satrice de tous biens de corps, d'esprit, &
de fortune: que mesme, ils ont honoré ses
figures & symboles par des caducées: Sois
donc, ô ma chere ame pacifique! si tu
veux estre fille de Dieu, & heritiere du
Paradis: Pour cet effect, rend-toy humble & docile, & détache-toy de tes interests déreglez; cede de quelque chose en tes pretentions (quoy que iustes)
ainsi que fit le Patriarche Abraham à
Loth son neveu, luy donnant le choix
de la gauche ou de la droite, dans le par-
tage de leurs possessions, afin de viure en
paix l'vn & l'autre, dequoy il fut recom-
pensé de Dieu.

C'est encor le conseil que te donne Ne-

ſtre Seigneur en ſainct Matthieu chap. ſ.
diſant que pour auoir la paix, il ne faut
pas craindre de donner le manteau.

C'eſt auſſi le bon exemple que t'a
laiſſé le Reuerend Pere Fernandez, ayant
pratiqué ainſi que tu as veu en l'Hiſtoire de ſa vie, toutes les maximes poſſibles
pour iouyr de ce precieux auant-gouſt du
repos eternel, par l'amour de la paix qui
donnoit à ſon eſprit vne parfaite tranquilité.

CHAPITRE VIII.

*Comme il predit ſa mort : Ce qui s'eſt
paſſé en ſa maladie, & des belles
prieres qu'il faiſoit.*

CE paiſible & parfait Religieux
Courtiſan predit ſa mort ſix ſemaines auparauãt à vn ſien amy confident, auquel il deſcouuroit librement ſes plus ſecretes penſées ; tant à

cauſe d'vne longue connoiſſance,
que pour l'amour paternel qu'il portoit à iceluy, auquel il auoit donné
la vie par ſes prieres, & le ſecours des
eſtudes, par ſa faueur & protection.
Il recommanda alors au meſme
Pere, lequel receuoit ſa benediction
pour aller preſcher les Aduents; d'e-
ſtre de retour à Paris vers le ſuſdit
terme, pour l'aſſiſter en la plus grande neceſſité de ſa vie, ce qui fut accomply.

Car le quatrieſme iour de ſa maladie mortelle, le ſuſdit Pere arriua, auquel il parla en ces termes.

Hijo mio ſea bien venido; y ſabe aquel-
loque le tengo dicho, antes que ſe fucſſe no
es meneſter tornarſelo à dezir Eſtoy muy
malo; à penas puedo hablar, Solo le en-
comiendo el amor y temor de Dios; el
reſpeto, fieldad y agradecimiento que de-
be à ſus Mageſtades Criſtianiſſimas y la
concervation de la antigua y fiel cor-

*respondencia con essas benditas almas
monjas descalças sobrinas mias y primas
suias.*

*Tambien le encomiendo no me desem-
pare en mi maior necessidad; porque los-
que estan conmigo, no me entienden; y si
no me asistiere hé de murir sin el consuelo
espiritual de mi Alma; fuera de que
desseo me vaya leiendo las oraciones pue-
stas en mi libro de la Guia espiritual del
Alma y en el otro del camino de los iu-
stos; que son de grandissimo prouecho enel
tiempo de la muerte, y por esso entiendo
y quiero que el criado tenga cuenta de
darle todo loque tubiere menester y que
disponga de todo quanto ay en la celda
como siempre se lotengo dicho.*

C'est à dire: Mon fils, soyez bien-
venu ; vous sçauez ce que ie vous ay
desia dit auant vostre depart, il n'est
point necessaire de vous le repeter;
Seulement , ie vous recommande
l'amour & la crainte de Dieu, l'honneur,

neur, la fidelité, la reconnoiſſance que vous deuez à leurs Majeſtez
Tres-Chreſtiennes, & la continuation de l'ancienne & fidelle cor-
reſpondance auec ces ames benites,
Religieuſes Diſcalces, mes niepces
qui ſont vos couſines ſpirituelles.

Ie vous recommande auſſi de ne
me point abandonner en ma plus
grande neceſſité; car ceux qui ſont
icy auec moy ne m'entendent point;
& ſi vous ne m'aſſiſtez, ie mou-
ray ſans la conſolation ſpirituelle
de mon ame. Outre que ie deſire
que vous me liziez les oraiſons &
proteſtations de foy, qui ſont dans
le Liure que i'ay fait de la Guide Spirituelle de l'Ame, & du chemin des
Iuſtes, car elles ſont tres vtiles au
temps de la mort. Pour cet effect,
i'entends & veux que le ſeruiteur ait
ſoin de vous donner ce que vous au-
rez de beſoin, & que vous diſpoſiez

I

de tout ce qu'il y a dans la chambre,
comme ie vous ay toufiours dit. Ledit Pere ayant le cœur navré de
triftefſe (par la force de ces paroles
pleines de tendreſſes paternelles,
mais tres-ſenſibles & faſcheuſes à
cauſe du ſujet dont il s'agiſſoit) reſ-
pondit plus auec les larmes que de la
langue : que depuis vingt-cinq ans,
la plus douce de ſes conſolations
auoit efté l'honneur de ſa faincte
compagnie ; comme au contraire,
le moins ſuportable de ſes deſplaiſirs n'eftoit arriué, que pour la priuation de ce bon-heur, n'ayant pû
en iouyr ſi ſouuent qu'ils deſiroient
tous deux. C'eft pourquoy, puiſque
le Tout-puiſſant , tout ſage & tout
bon , vouloit diſpoſer autrement de
ſa perſonne , par vne eſchange de
cette vie miſerable & mortelle,
à vne autre glorieuſe & immortelle.

Il s'estimoit tres-heureux dans son mal-heur, de luy rendre l'assistance de vray & fidel enfant, & que iamais il ne l'abandonneroit; comme de fait, il ne la point delaissé, mais l'a assisté autant qu'il en a eu le pouuoir en sa maladie, à la mort, au cerceüil, & au tõbeau; & estant depuis demeuré inconsolable, si ce n'a esté par la consideration des circonstances tres-particulieres de la saincteté de sa vie, laquelle luy a fait croire le glorieux estat de son ame; & par consequent, qu'il a vn nouueau Aduocat dans le Ciel, suiuant la promesse qu'il luy a fait auant mourir: Mais pour reprendre le fil de l'Histoire de sa vie;

Le Mardy 31. de Decembre 1652. veille de la Circoncision, enuiron sur les trois heures apres midy, il dit au Pere qui estoit auec luy; *estoy tras-passado de frio,* c'est à dire, ie suis transi

de froid ; alors ledit Religieux luy
fit du feu, mais cela n'empefcha
point que le friffon ne fut enfuiuy
d'vne groffe fievre qui dura neuf
iours.

Pendant fa maladie, la Reyne
tres pieufe (que le Ciel fortifie &
protege) n'efpargna rien de fes foins
& charitez, pour le faire folliciter;
& mefme, elle eut tant de bonté,
qu'elle voulut le voir & vifiter per-
fonnellement : Pour cet effect, le
Dimanche d'apres le premier iour
de l'an, cinquiefme de Ianuier, fa
Majefté prit occafion de faire ces
exercices ordinaires de deuotion,
& faifant vne acte heroïque d'humilité, comme elle auoit pratiqué en
d'autres maladies furuenuës à ce
fage & zelé Directeur : Elle alla au
grand Conuent des Peres Cordeliers de Paris, & s'achemina à la
chambre du malade, auquel elle

donna vne si grande ioye par sa
royale presence, qu'il parût beaucoup soulagé en son mal : Le soula-
gement fut si euident, que la fievre
ne paroissant plus, chacun esperoit,
& mesmes les Medecins, son entiere
guarison.

Sa Majesté Tres-Chrestienne,
aussi-bien en ses mœurs, qu'en sa dignité royale, se confessa, & receut
pour la derniere fois, la benediction
& les instructions salutaires de son
prudent, fidel, & aimé Directeur, &
s'en alla communier à l'Eglise dudit Conuent, cachant exterieurement par sa prudence les detresses,
dont son ame estoit interieurement
touchée, par l'apprehension d'vne
perte irreparable.

Le long de cette maladie, plusieurs autres personnes de tres-
grande qualité, honorant sa vertu
d'vn amour particulier, le visiterent

& firent offre de tout leur pouuoir
& commoditez pour contribuer à
ſa ſanté, preferant ſincerement la
conſeruation de ſa perſonne, à l'a-
bondance de leurs biens & richeſſes;
enrr'autres, l'vn des principaux Miniſtres d'Eſtat, cy-deuant Prince &
Chef du plus illuſtre Parlement de
France, maintenant Garde des
Sceaux, recommanda au Maiſtre
de ſon Hoſtel de ne l'abandonner
point, & en cas de beſoin, pouruoir
aux choſes neceſſaires à ſon aſſiſtance; ce qu'il fit, veillant iour & nuit
auec les domeſtiques du malade,
tant par obeyſſance que par inclination.

Le Mercredy huictiéme du mois,
& neufvieſme de la maladie, vn re-
doublement de fievre ſuruint, lequel attenuant ſon corps, affoiblit
auſſi l'eſperance qu'on auoit con-
ceuë de ſa guariſon.

Ce changement obligea ceux qui l'auoient veillé la nuict precedente, de ceder la place à celuy qui la souhaitoit auec passion , & que le mesme malade demandoit auec instance.

On ne sçauroit assez exprimer l'affliction, dont l'ame de ce pauure Religieux fut alors accablée, se voyát à la veille de perdre celuy qu'il honoroit comme pere , & duquel il estoit aimé comme fils ; toutefois considerant que la nuict luy estoit accordée pour iouyr d'vne presence si saincte & si chere ; il se fortifia & veilla seul depuis dix heures du soir iusqu'à cinq du matin: Vne partie de ce temps fut employé en des colloques spirituels ; vne autre au repos du malade, & le reste, aux prieres qui s'ensuiuent.

ORAISONS TRES-VTILES,
pour obtenir le pardon des pechez à l'article de la mort.

Compofées & pratiquées par le Reue-
rend Pere Fernandez.

SEigneur mon Dieu, Tout-puiffant, tout benin, & tout miferi-
cordieux ; ie fuis pauure pecheur de
moy-mefme, & Chreftien par voftre grace : Ie vous remercie tres-
humblement, des dons & faueurs,
qu'il vous a pleu me faire en general & en particulier, tant à mon ame,
qu'à mon corps, fpecialement pour
m'auoir appellé à l'vnion de l'Eglife
Catholique, & conferué en icelle,
laquelle ie confeffe eftre neceffaire
au falut, de la façon que vous l'auez
reuelé aux Prophetes, aux Apoftres,

& à leurs Succeſſeurs.

Mon Dieu, ie reconnois les grandes obligations que i'ay de vous aimer, parce que vous eſtes la meſme
bonté eſſentielle & infinie ; la ſource vnique & inépuiſable de toutes
beautez, grandeurs & richeſſes: vous
eſtes le Sainct des Saincts , le Roy
des Roys, le Seigneur des Seigneurs,
la cauſe des cauſes, l'eſtre des eſtres,
la vie des viuans, l'ordre de l'vniuers, l'honneur de la terre, & la gloire du Ciel.

Vous eſtes mon Createur , qui
m'auez creé à voſtre image & ſemblance, doüé d'entendement, de volonté, de memoire, & de libre arbi-
tre: Dés le ventre de ma mere, vous
m'auez preſerué de mort ſans Ba-
pteſme: en ſuite, vous m'auez ſouuent garanty du peché , & retiré
quand i'y ſuis tombé , quoy que
beaucoup d'autres moins criminels

que moy, souffrent les peines
d'enfer.

Mais, ô mon Dieu! qui a prié pour
moy, afin que ie ne perisse point
dans mes pechez? Si ce n'a esté vostre
sang tres-precieux, qui n'a pas demandé la vengeance contre mes crimes, côme celuy d'Abel faisoit contre le fratricide Caïn? Mais au contraire, il a poussé des cris au Ciel auec
instance, pour obtenir le pardon. De
plus, vous estes mon Glorificateur,
me destinant à vostre Paradis sans
l'auoir merité : pour m'y conduire,
vous m'auez donné les graces pre-
uenantes, concomitantes, & subse-
quantes auec l'vsage des Sacremens:
i'aduouë que ie ne suis pas digne de
vous aimer, n'estoit que vous me le
permettez, & le voulez : Partant,
sous vostre bon plaisir, ie me ioins
auec tous les Anges, les Saincts, &
les hommes, pour vous aimer : Ie re-

grete tout le temps perdu & paſſé ſans vous auoir aimé, mais beaucoup offenſé: A la mienne volonté, que ie puiſſe reſſentir auec plus de douleur les offenſes commiſes contre voſtre Majeſté; & que mon cœur fondit en larmes. I'aduouë que ie merite pour la moindre de mes fautes, toutes les peines d'enfer: Ie n'ay rien à vous preſenter qu'vn cœur outré de douleur & de repentance : Ie voudrois auoir ſouffert toutes les peines & tourments du monde, pluſtoſt que d'auoir commis vn ſeul peché; & proteſte que ſi vous me donnez la vie, ie vangeray mes crimes, par vne rude & rigoureuſe penitence: toutefois, ô mon Dieu! voſtre volonté ſoit faite, à la mort & à la vie: ſeulement agreés mon deſplaiſir par voſtre miſericorde, en vertu de voſtre Mort & Paſſion, & par les interceſſions des Sainⅽts.

Il est vray que ie me console, quand
ie considere la promesse du pardon
que vous faites au pecheur : Pour ce
sujet, vous vous estes fait homme,
vous auez souffert, pardonné à vos
ennemis, & aux plus grands pecheurs. Lors mesme qu'on vous
persecutoit plus cruellement à la
Croix, enuironné des douleurs de la
mort: La premiere parole qui sortit
de vostre bouche, ce fut la priere à
vostre Pere Eternel pour leur pardon: Vostre cœur, ô mon Sauueur!
est si porté à la misericorde, que
vous ne pouuez refuser la grace à
quiconque vous la demande : tesmoin le Larron, auquel vous par-
donnast au mesme temps qu'il vous
en fist la requeste, quoy que sa vie
vous ait esté odieuse & excecrable:
Partant, ie vous supplie par les en-
trailles de vostre misericorde, me
faire vne pareille faueur; car encor

que ie ne sois pas si contrit que luy,
toutefois vostre amour n'est pas es-
puisé, & il paroistra plus grand par
ma plus grande necessité : Ne re-
gardez donc point mon demerite,
mais les larmes & le sang que vous
auez espanché pour tous les pecheurs, dont ie me reconnois le
plus grand : Souuenez - vous des
souffrances que vous auez euës pour
moy : que vous vous estes renfermé
dans les chastes flancs de vostre chere
Mere : vous estes né pauure dans vne
estable : vous auez enduré le froid,
& le chaud, la fuite en Egypte ; auez
ieusné, cheminé, sué, veillé, prié,
pleuré, enduré les liens, les prisons,
les crachats, les soufflets, les foüets,
les mocqueries, les couronnes d'es-
pines, les cloux, les lances, & la
Croix : Partant, mettez toutes ces
peines entre vostre iugement &
mon ame, & me deliurez.

PROTESTATION DE FOY
tres-vtile contre les tentations
à l'article de la mort.

*Compofée & pratiquée par le Reuerend
Pere Fernandez.*

AV nom † de la Tres-faincte & adorable Trinité, le Pere, le Fils, & le Sainct Efprit.

Ie *N.* protefte deuant vous, ô Ange Gardien, deputé de Dieu pour ma garde, & deuant tous les Efprits Angeliques, tous les Saincts de Paradis, & tous les Seruiteurs de Dieu, icy prefens, que ie veux & defire mourir en la Foy Catholique, Apoftolique & Romaine ; croyant fermement les articles contenuës dans le Symbole auec leurs appartenances : tout ce que Dieu a reuelé en la saincte Escriture, ainsi que l'Eglise Romaine seule & veritable le croit, & selon la declaration des sacrez Conciles, & des saincts Peres; au contraire, ie deteste & abjure toute autre croyance, qui ne luy est conforme: ITEM, Ie declare & proteste qu'en vertu de cette Foy, & qu'auec la grace de Dieu, i'espere fermement obtenir la gloire eternelle, par les merites de mon Saueur IESVS-CHRIST, & desire mourir en cette confiance, moyennant sa diuine assistance: De sorte, que pour grands, griefs, & nombreux que soient mes crimes, ie ne desespereray iamais du pardon, tenant pour certain qu'vne seule goute du sang de mon doux IESVS, est suffisante pour la remission de tous les pechez du monde.

Item, Ie declare, que si par pusillanimité ou crainte du redoutable

iugement de Dieu , ou par la violence des tentations du demon , ou
par foibleſſe d'eſprit & debilité des
ſens (ce qu'à Dieu ne plaiſe) ie tom-
bois en deſeſpoir ou en quelque
douté de la Foy : ou ſi ie dis & fais
quelque choſe contraire à cette foy
& eſperance : dés maintenant eſtant
encor en mon plein & entier iugement , ie tiens tout pour nul & le re-
uoque , me ſoûmettant entierement
à la ſeule creance que ie viens de
proteſter & proteſte encor pour
touſiours , voulant mourir en icelle.

Item , Ie proteſte vouloir aimer
Dieu ſur toutes choſes , ainſi que ſa
Majeſté commande & merite d'eſtre aimée , & voudrois l'auoir aimé
touſiours auec autant d'amour que
les Anges , & les Bien-heureux dans
le Ciel , & les Iuſtes ſur la terre , l'ont
aimé & l'aiment ; me réjouyſſant &
ſouhaitant que toutes les creatures

le

le loüent, l'adorent & l'aiment, comme aussi, ie suis extremement fasché d'auoir manqué à cet amour parfait, & de toutes les offenses commises contre la diuine Majesté; & ce, à cause seulement qu'elle est infiniment bonne & aymable.

Item, ie declare & proteste aymer mon prochain comme moy-mesme, auec la mesme charité que Dieu commande de l'aymer, estant marry d'auoir offensé quelqu'vn, & demandant humblement pardon aux presents & aux absents, comme à ceux que ie pourrois auoir scanda-lisé; & ie pardonne de bon cœur à tous ceux qui m'ont offensé en quelque façon qne ce soit, & moyennant cette charité ie desire estre vny auec tous les membres viuants de l'Eglise, pour participer aux merites & bonnes œuures qui se font en icelle.

K.

Item , Ie declare & protesté que
ie m'assujettie entierement à la Diuine volonté , desirant qu'elle dis-
pose de moy selon son bon plaisir ;
& ne veux pas viure vn moment
plus qu'elle jugera à propos, acce-
ptant à l'heure mesme & de bon
cœur la mort , pour quand & comme il luy plaira me l'enuoyer : mais
ie la supplie me faire la grace du don
de perseuerance , & d'vne parfaite
contrition , pour obtenir le pardon
de mes fautes , la grace sanctifiante,
& la vie eternelle.

Item , Ie declare & proteste que
ie me tiens tres-heureux d'estre ba-
ptisé , & de professer tout ce que les
Chrestiens professent aux Saincts
Fonds de Baptesme; sçauoir, la renonciation aux Demons, aux super-
stitions , idolatries; à toutes infideli-
tez , aux mauuaises persuasions , ou
tentations de l'ennemy , & à toutes

fes œuures qui font les pechez : de plus, la renonciation au monde, à fes pompes, à la fuperbe de la vie humaine, à la concupifcence des yeux, aux richeffes vaines & fuperfluës, aux grandeurs, aux plaifirs & voluptez de la chair : En outre, les Chreftiens profeffent la Foy Catholique, s'obligeant de croire les articles contenuës dans le Symbole, & tout ce que l'Eglife Catholique, Apoftolique, & Romaine enfeigne & commande de croire : c'eft pourquoy i'ay vn grand regret de n'auoir point accomply toutes ces chofes, i'en demande humblement pardon à Dieu, promettant derechef de les mieux accomplir s'il me donne la vie.

LE BIEN-HEVREVX DENIS

le Chartreux asseure que les trois Oraisons suiuantes, auec vn Pater & Aue à chacune d'icelle, sont tres efficaces à l'article de la mort pour obtenir la remission des pechez.

ORAISON.

MON Seigneur IESVS-CHRIST ie vous supplie tres-humblement, en vertu de l'agonie, & tressainte Oraison que vous auez faite au Mont des Oliues pour les pecheurs, lors que vostre sang couloit en terre, qu'il vous plaise monstrer & offrir à vostre Pere eternel la grande multitude de cette sueur de sang que vous auez espandu, afin d'effacer la multitude des pechez de vostre pauure seruiteur, & le deliurer à

l'heure de la mort de toutes les peines qu'il craint auoir merité pour
ses offenses ; qui viuez & regnez auec
voftre Pere, & le fainct Efprit, par
tous les fiecles des fiecles. Ainfi foit-
il. *Pater & Aue.*

ORAISON.

MON Seigneur IESVS-CHRIT,
qui auez voulu mourir en la
Croix pour nous autres, ie vous fupplie auoir agreable d'offrir à voftre
Pere Eternel Tout puiffant les amertumes, peines & fouffrances que vous
auez euës pour nous en la Croix, prin-
cipalement à l'heure que voftre ame
Treffaincte fortit de voftre precieux
Corps, & les appliquer pour l'ame
de voftre feruiteur, afin qu'elle foit
deliurée des tourmens deubs à fes crimes ; qui viuez & regnez auec voftre
Pere, & le S. Efprit, par tous les fiecles
des fiecles. Ainfi foit-il. *Pater & Aue*

ORAISON.

MON Seigneur IESVS-CHRIST,
qui auez dit par la bouche de
voſtre Prophete : Ie t'ay aimé d'vne
charité perpetuelle ; c'eſt pourquoy
ie t'ay attiré à moy par la compaſſion que i'ay eu de ta miſere : ie vous
ſupplie de preſenter & offrir cette
meſme charité à voſtre Pere Eternel,
pour l'ame de voſtre ſeruiteur, à ce
qu'elle ſoit preferuée des peines eternelles ; & à cette heure de la mort, elle
ſoit ſauuée (la porte de Paradis luy
eſtant ouuerte) pour jouyr à iamais
de vous auec tous les Sainﬅs : qui viuez & regnez auec voſtre Pere & le
ſainﬅ Eſprit, par tous les ſiecles des
ſiecles. Ainſi ſoit-il. *Pater & Aue.*

AVTRE ORAISON
TRES-DEVOTE.

MON Seigneur IESVS-CHRIST,
qui nous auez racheté par l'eſ-

fusion de voftre precieux Sang, efcri-
uez d'iceluy vos facrées playes dans
l'ame de voftre feruiteur, afin qu'il
apprenne à lire en elles voftre douleur, contre toutes les peines & châ-
timens qu'il craint auoir merité pour
fes pechez : qu'il puiffe auffi lire , ô
mon Dieu, voftre amour pour s'vnir
à vous inuinciblement, en forte que
iamais il ne s'en fepare, ny du nombre de vos Eleus : Faites le, (ô tres-
doux Seigneur) participant de voftre
treffainɛte Incarnation, Paffion, Re-
furrection & Afcenfion , & de tous
vos facrez Myfteres & merites, de
tous les facrifices, oraifons & bonnes
œuures qui fe font en voftre Eglife,
des merites de voftre tres chere &
honorée Mere, & de tous les Sainɛts
auec lefquels il vous aime & vous
louë pour toufiours en la gloire perdurable.

K iiij

*La bien-heureuse sainte Melthilde
a laißé par escrit, que la Vierge
sacrée* MARIE *luy a reuelé les
trois Oraisons suiuantes , afin
qu'elle l'inuocast auec icelles à
l'article de la mort.*

ORAISON.

TRes-sacrée Vierge Mere de
Dieu, puisque le Pere Eternel
vous a esleuée à vn throsne si haut de
gloire, que vous estes au dessus de
tous les Bien-heureux, & establie la
plus puissante apres luy au Ciel & à
la terre, ie vous supplie conformé-
ment à ce grand pouuoir , de vous
treuuer à l'heure de ma mort, rele-
uant ma foiblesse, & faisant fuir les
ennemis de mon ame, afin qu'ils ne
me puissent faire aucun tort.

ORAISON.

TRes-sacrée Vierge M A R I E, Mere de Dieu, qui auez esté ornée par le Fils du Pere Eternel d'vne façon ineffable, de science & sagesse celeste, & comblé e de lumiere abondante de gloire; afin que vous vissiez auec plus de clarté que tous les Saincts, la tres-auguste & adorable Trinité, jouyssant pleinement de ses perfections & attributs; & afin que, comme vn tres-beau & brillant Soleil, vous esclairassiez le Ciel.

Ie vous supplie en vertu de cette grande sagesse & diuine lumiere, de me conseruer & augmenter à l'heure de la mort la lumiere de la vraye & viue foy, afin qu'aucune nuée d'erreur & d'ignorance ne puisse me broüiller ny troubler l'esprit.

ORAISON.

TRes sacrée Vierge Marie, Mere de Dieu, qui auez esté par le S. Esprit consolateur & vray Dieu auec le Pere & le Fils, remplie parfaitement de l'abondance & suauité du diuin amour, & faite si douce & affable, qu'apres Dieu il n'y a point de creature plus benigne ny aimable: Ie vous supplie en vertu de cette grande & singuliere douceur, qu'il vous plaise vous trouuer à l'heure de mon trespas, m'obtenant de Dieu la suauité & douceur necessaire, pour oster toute l'amertume de la mort.

Autres trois Oraisons tres-vtiles & efficaces à l'article de la mort, pour prier & inuoquer la Tressaincte Trinité.

SEigneur mon Dieu Pere eternel Tout-puissant, ie suis ce misera-

ble homme, que vous auez creé par
voſtre bonté & puiſſance paternelle
à voſtre image & ſemblance par
vous meſme, & pour vous meſme:
recognoiſſez donc, Seigneur, voſtre
creature, puis que ie vous ay recognu
ſeul, & adoré pour mon Dieu &
Createur : receuez - moy de grace
dans le ſein de voſtre miſericorde, &
ne permettez pas que ie perde la beatitude pour laquelle vous m'auez
creée.

ORAISON.

MOn Seigneur IESVS-CHRIST,
Fils de Dieu viuant, ie ſuis ce
miſerable homme, pour lequel vous
eſtes deſcendu du Ciel en terre ; auez
enduré tant de trauaux & de peines,
ſouffert vne ſi cruelle paſſion, & mort
ſi ignominieuſe : Ie ſuis celuy que
vous auez racheté au prix de voſtre precieux Sang, & deliuré de la
puiſſance des Demons, à raiſon de-

quoy vous auez droit d'Empire sur
moy : partant deliurez-moy de mes
ennemis qui aspirent de perdre mon
ame , & me gardez à l'heure de ma
mort.

ORAISON.

SEigneur mon Dieu, Esprit de verité, ie suis ce miserable homme,
que vous auez sanctifié aux sacrez
Fonds du Baptesme , enroollé aux
membres de l'Eglise, honoré de vostre presence , & fauorisé de vos graces , ornant mon ame de vos dons &
vertus tres precieuses; enfin ie suis
celuy que vous pouuez sauuer selon
l'abysme de vostre bonté & misericorde; partant ne me bannissez point
de vostre presence ; mais acheuez
l'ouurage que vous auez commencé,
afin que vos ennemis n'en tirent
point de gloire , & ne se rient de
ma perte , mais au contraire qu'ils
soient contrains de dire auec moy;

Gloire soit au Pere, au Fils, & au S. Esprit. Ainsi soit-il.

Deuote & derniere Oraison à l'Ange Gardien.

MOn tres S. Ange Gardien, pour mon Testament & der-niere requeste, ie vous supplie de m'obtenir de Dieu par vos prieres, trois choses du Testament de mon Sauueur IESVS-CHRIST; La pre-miere, vn vif ressentiment des dou-leurs & tristesses inconceuables que mon doux IESVS a souffert, les trois heures dernieres de sa vie estant à la Croix, afin de mitiger & adoucir les peines, les afflictions, & les amertu-mes de ma mort: La seconde, qu'il vous plaise me fauoriser aupres de la saincte Vierge Mere de grace & de misericorde, afin qu'elle me fasse part de quelqu'vnes de ses larmes,

des tristesses & angoisses dont son
ame fut transportée aux pieds de son
cher Fils attaché à la Croix, & que ce
cher Enfant agrée de m'admettre au
nombre des pecheurs ; lesquels par
ses prieres & merites ont obtenus le
pardon , la misericorde , & la vie
eternelle. La troisiesme est, qu'il vous
plaise me secourir, afin que quand
mon cœur se fendra de douleur, &
que mon ame se separera du corps,
elle soit receuë auec misericorde du
Souuerain Iuge, en l'honneur de la
charité auec laquelle sa diuine Majesté a choisi vne mort tres-amere, &
en vertu des peines qu'il souffrit,
quand son ame tres-pure se separa de
son precieux Corps : enfin mon cher
& fidel Gardien, ie vous demande
humblement pardon des mespris &
desobeïssances que i'ay fait de vos
sainéts aduis & bons conseils ; vous
suppliant de ne les representer point

deuant le Tribunal de Dieu, mais
d'en moyenner pour moy l'amniſtie
entiere & abſoluë. Ie vous rend des
actions de graces immortelles, pour
les ſoins aſſidus que vous auez pris de
mon ſalut, & vous prie de ne me
point abandonner à l'heure de ma
mort; mais de prendre garde quand
mon ame ſortira d'auec ſon corps
pour la defendre generalement contre les ennemis de ſon bon-heur, iuſqu'apres l'auoir preſentée deuant ſon
Iuge, pour receuoir vne Sentence
fauorable de la vie eternelle, & en
jouïr auec vous à la plus grande gloire de Dieu; à voſtre honneur, & à
ſon contentement. Ainſi ſoit-il.

APres la troiſieſme repetition des
ſuſdites prieres, Dieu fit paroître
en la perſóne de ſon fidel ſeruiteur la
verité de ſa parole, par laquelle il promet ſe trouuer auec les affligez pour

les confoler , foulager & deliurer:
Car ce fut vne chofe admirable, que
ces prieres ne furent pas fi toft ache-
uées , que les maux du corps ceffe-
rent ; mais comme cette vie eft vne
guerre continuelle iufqu'à la derniere periode, il fouffrit encor de grands
combats fpirituels ; ce qui l'obligea
de recommander au mefme Religieux de veiller & prier fans inter-
miffion, iettant fouuent de l'eau be-
nite fur luy & fur fon lit, d'autant
qu'il auoit vne grande foy à la force
des prieres, & à la vertu de l'eau be-
nifte.

Enuiron fur les deux heures apres
minuiçt, il demanda audit Pere s'il
eftoit feul, lequel refpondit affirma-
tiuement ; & lors il luy dit qu'il oftât
de fon col vne Croix de la Mere
Louyfe, (dont la vertu fera declarée
à la fin du dixiefme Chapitre) vn reliquaire, & vne Couronne de noftre
Seigneur:

Seigneur : mais ledit Religieux ne
pouuant délier les cordelettes entre-
laſſées, ce pauure moribond ſe ſoû-
leua à moitié, & luy meſme les délia,
& donna le tout audit Religieux, lequel le remercia, diſant que ces ſaintes Reliques ſeruiroient pour recou-
urer ſa ſanté, comme en d'autres maladies il en auoit reſſenty les effects.

Cette réplique obligea ce doux
languiſſant de prononcer ouuerte-
mentces mots : *Baſta hijo mio, ya noes
tiempo ; llega el dichoſo dia de la muerte ;*
c'eſt à dire : Mon fils, il ſuffit; ce n'eſt
plus le temps, le iour heureux de la
mort s'approche: ces paroles toucherent ſi viuement le Religieux, que
fondant en larmes, il ſe proſterna à
genoux demandant ſa benediction,
laquelle il luy donna auec vn eſprit ſi
preſent, & vne parole ſi ferme, que
s'il eut eſté en parfaite ſanté : en ſuite
il en adjouſta trois autres, l'vne pour

L

son neveu, & deux pour ses nieces Religieuses.

Et voyant pleurer celuy pour lequel il auoit tousiours eu tant de tendresses, il voulut le consoler, disant: *Porque llora hijo, no sabe que tanto à que estoy esperando este dia, encomiende me à Dios y tenga paciencia;* c'est à dire, pourquoy pleurez-vous, mon fils; ne sçauez vous pas qu'il y a long-temps que j'attens ce iour; priez Dieu pour moy, & prenez patience.

REFLECTION MORALE.

O Mon Ame! rentre en toy, & considere de grace que tu es immortelle, & que quand tu penseras le moins, il faudra sortir de la prison de ton corps: Alors tandis que cette carcasse pourira en terre, tu prendras ton vol vers le Ciel, ou vers l'Enfer, selon l'estat de grace ou de peché, dans lequel tu seras surprise.

Or puis que necessairement cela t'ar-
riuera, comme il arriue continuellement à
d'autres, & que tu ne sçais ny l'heure ny
la façon: Quand pretends-tu te mettre en
bon estat, & faire des fruits dignes de penitence, ie dis des actions meritoires de la
gloire eternelle? Sera-ce quand il faudra
partir de ce monde, que tes sens seront ab-
batus de douleurs & de foiblesses, ton esprit offusqué des fumées & brouillards qui
t'eschaufferont la ceruelle? que ta volonté
sera dans l'impuissance de faire ce qu'elle
voudroit? il n'y a point d'apparence d'attendre ce temps-là, non plus que d'attendre
à cheminer; quand on est perclus de tout le
corps; partant il faut que tu pense à toy de
bonne heure, te seruant du temps & de la
santé pour te disposer à vne bonne & heureuse mort, par l'exercice des mortifications & pratique des vertus: pense souuent (au moins vne fois le iour) que tu dois
mourir; car cette pensée est le vray antidote
du peché, comme le peché est le pere de la

mort. Cette mort est le point de l'eternité, il n'arriue qu'vne fois; si tu y manque, c'est pour toufiours. Si tu te peine tant pour des chofes que tu ne peus obtenir, ou qui ne font que paffer deuant tes yeux, que ne dois tu pas faire pour celles qui te font affeurées en l'eternité? tu fçauras bien mourir, fi tu fçais mourir fans peché : cette eftude eft amere aux fens, mais bien douce à l'efprit & vtile à ton falut; n'attends donc pas les tenebres de la nuiét, mais fers toy de la lumiere du iour pour y eftudier. Ha, Seigneur! faites moy fage & prudente, afin que ie preuienne de bonne heure ces derniers iours de ma vie, & les premiers de l'eternité. Heureux font ceux (ô mon Dieu) aufquels vous donnez cette pensée ; car c'eft pour les preferuer des iours malheureux de la damnation eternelle, & les combler d'vne gloire immortelle en la joüiffance de voftre Diuine Effence, auec tous les Saints & Efprits bien-heureux : telle eftoit la pensée ordinaire du Reuerend Pere Fer-

*nandez, lequel nommoit heureux le iour de
ſa mort, attendu & preuenu ; auſſi a-il
eſté glorieux, & chreſtiennement parlant
tel-eſt celuy de ſon eternité. Imite-le donc
(ô mon ame) & tâche de le ſuiure iuſqu'au lieu du repos.*

CHAPITRE IX.

*Comme il reçoit le dernier Sacrement auec
grande deuotion & preſence d'eſprit : de
ce qui ſe paſſa à ſa mort, & apres.*

LE matin enuiron cinq heures,
il diſt au ſuſdit Religieux qu'il
appellaſt ſon Frere ſeruant & ſon ſeruiteur, pour leur donner la benediction, à laquelle il adjouſta de ſaintes
inſtructions, & leur recommanda le
ſouuenir de ſon ame en leurs prieres.
Sur les ſix heures il receut les ſaintes
huyles ſe poſſedant parfaitement &
auec vne tres-grande deuotion ; don-

nant les parties de son corps necessaires à la sainte Onction, de la mesme façon que s'il eut esté en santé,
ou comme feroit vn malade qui ex-
pose son bras pour la saignée.

Apres qu'il eut receu ce dernier
Sacrement, il tesmoigna vouloir demeurer seul l'espace d'vne heure : le
sujet estoit pour mediter attentiuement la Mort douloureuse de Iesvs-
Christ, la dignité & la vertu du
Sacrement qu'il venoit de receuoir,
la difference de cette vie d'auec l'autre, & les graces singulieres dont il se
sentoit redeuable infiniment à la diuine Majesté, particulierement pour
la perseuerance en laquelle il croyoit
& esperoit terminer sa vie, non par
ses merites, mais par ceux de Iesvs-
Christ son Redempteur.

Durant la susdite heure, le Religieux amy se retira à part, & se re-
posa sur vne chaire : Apres ce temps

expiré, il demanda à boire & quelques autres commoditez; mais le seruiteur laïc y allant & ne l'entendant
point, à cause que par interualles il
ne prononçoit plus distinctement
les mots.

Ce pauure languissant fut contraint
de faire vn effort; mais auec tendres-
se pour appeller celuy qui l'auoit
veillé, disant; *donde està mih ijo N.*

Alors ce Religieux entendant sa
voix, alla promptement, & luy ren-
dit le seruice qu'il desiroit; apres
quoy le malade le remercia, & pria
de ne le point abandonner, disant en
sa Langue. *Hijo mio, no me dexe, por
amor de Dios no sele echa de ver que es-
sos no me entienden?*

Les sept heures approchantes, il
souhaita receuoir l'Absolution generale & derniere Benediction du
Reuerend Pere Gardien, & pour
s'en rendre plus digne, il s'éleua à

moitié fur fon lict, & fit des actes
profonds d'humilité & de charité;
tefmoignant vn tres-grand regret
par la ferueur de fes paroles, & par
les larmes de fes yeux, de n'auoir pas
obferué fi exactement & parfaitement fes Vœux & fa Reigle comme
il deuoit; dequoy il demandoit tres-
humble pardon à Dieu, & à ceux
aufquels il auroit pû donner mauuais
exemple, ou qui fe tiendroient of-
fenfez de luy en quelque maniere
que ce fuft; comme auffi de bon cœur
il pardonnoit à ceux qui auroient eu
la volonte effectiue ou non de l'of-
fencer. Apres, il declara audit Pere
Gardien, que jamais il n'auoit pre-
tendu s'approprier aucune chofe, &
que celles dont il auoit eu l'vfage, ap-
partenoient à la Reyne, fous le bon
plaifir de laquelle il remettoit entre fes mains comme à fon Superieur
tout ce qu'il auoit: feulement il le

supplioit luy accorder sa Benediction, la participation de ses prieres,
& de celles de sa Communauté, vne
robbe auec la ceinture & le capuce
pour enseuelir son corps, le plancher
de la chambre pour son lict de la
mort, & la place la plus vile de la terre beniste pour sa sepulture.

Ces paroles toucherent viuement,
& edifierent au souuerain degré le
Superieur & tous les assistans, voyant
la perseuerance de ce parfait Religieux, lequel mouroit vray imitateur de son Seraphique Pere S. François, ainsi qu'il auoit tousiours vescu;
& reciproquement ledit Superieur
parlant pour luy & pour tous ses Religieux, luy demanda pardon; pro-
mit de faire ce qu'il seroit à propos
touchant les choses proposées, & le
supplia de ne les point oublier en ses
prieres, & en suite il luy donna la
susdite Benediction.

Depuis huict heures jufqu'à midy, plufieurs perfonnes tant Officiers de leurs Majeftez, qu'autres, le vifiterent, & demanderent auec inftance fa benediction, laquelle ils difoient eftimer autant que celle d'vn Sainct, au nombre defquels il deuoit eftre bien-toft enregiftré dans le Ciel felon leur croyance, fondée fur l'innocence de fa vie.

En tout ce temps, le fufdit Pere repeta plufieurs fois auec le moribód les prieres cy-deffus mentionnées; & entre huict & neuf heures il interrogea cet agonifant s'il fouffroit encor quelques violents combats en fon efprit : à quoy il fit refponfe, que par la grace de Dieu il en eftoit deliuré, & jouyffoit d'vne tres-grande tranquillité, ne fentant aucun mal ny de corps ny d'efprit : Alors le Religieux le fuppliant de luy dire comme il en auoit efté deliuré, il refpondit qu'à force de reciter les fufdites prieres Dieu auoit verfé en fon ame vne fi grande confiance de fa mifericorde par les merites de IESVS-CHR. qu'encor qu'il fut le plus grand pecheur de la terre, il ne defespereroit point du pardon, & qu'il eftoit entierement refigné à la volonté de celuy qu'il adoroit pour fon fouuerain Createur & Seigneur.

Sur le Midy vne grande fueur luy furuint, laquelle le debilita fi fort qu'il ne pût leuer les bras; & f'apperceuant que l'heure de la mort approchoit, il dift d'vne voix plaintiue, mais douce: *Eftoy fudando y muy flaco, no puedo alçarlos braços: voy me muriendo hyo mio diga las orationes del Alma.* C'eft à dire: Ie fuë grandement, & me fens fort debile; Ie ne peux plus hauffer les bras, Ie me meurs: Mon fils, dites les prieres de l'Ame. Alors ce Religieux l'embraffa, ayant le cœur

navré de douleur, le fupliant de prier
auffi pour luy, auquel il répódit d'vne
voix ferme : *y como? que fi haré de hue-*
na gana, aunque pecador y indigno: c'eft
à dire ; Ouy da de bon cœur ie le feray, quoy que pecheur & indigne.

Auffi-toft ce Pere fit appeller les
Religieux & les autres perfonnes qui
l'eftoient venus voir ; & commença
de faire les prieres, lefquelles il repeta
deux fois auec les affiftans : Mais c'eft
vne chofe admirable que ce paifible
& tranquille agonifant ne s'émeut
ny fe troubla aucunement par l'ap-
prehenfion de la mort ; car il prononçoit diftinctement les prieres, & auec
tant d'ardeur, que vifiblement toutes les puiffances de fon ame paroif-
foient vnies à Dieu, & celles de fon
corps attachées à la Paffion de Iesvs-
Christ par le moyen d'vne petite
Croix, faire de l'arbre miraculeux du
bafton que fainct François planta, &

d'vn Crucifix attaché à icelle. Ces prieres durerent jufques enuiron les deux heures & demie, auquel temps on s'apperceut qu'il ne parloit plus : Cela obligea le Pere affiftant d'éleuer la voix, & le fupplier de baifer encor vne fois la Croix, pour tefmoigner qu'il entendoit les prieres qu'on faifoit pour luy ; & qu'il prononçaft du profond de fon cœur ces belles parolles, *Iefu efto mihi Iefus;* ce qu'il fit rendant fon ame à Dieu. De forte que cette action fut la derniere de fa vie mortelle, l'adieu du monde, le commencement de fon eternité, & le facré baifer dont il falüa fon Sauueur allant jouyr dans le Ciel de fa chere prefence auec les Bien-heureux: ainfi que la douceur & la beauté de fon vifage tefmoignoient exterieurement, donnant fujet aux fpectateurs de douter de fa mort, & ne la pûrent connoiftre que par le refroidiffement de fon corps.

Il mourut donc au grand Conuent des Peres Cordeliers de Paris, ainſi qu'il auoit touſiours ſouhaitté & demandé à Dieu. L'heure de ſa mort fut entre deux & trois apres Midy, le neufieſme Ianuier mil ſix cens cinquante trois. Le dixieſme en ſuite, ſur les cinq heures du ſoir, il fut enterré ſolemnellement dans vne caue au milieu du Chœur de l'Egliſe dudit Conuent. Vne grande affluence de peuple, & particulierement des Meſſieurs & Dames de la Cour, viſiterent auec grand reſpect ce corps, qui auoit eſté durant ſa vie ſi ſaintement conſacré à Dieu; teſmoignans tous vn grand regret de ſa mort, mais vne joye ſinguliere pour l'auoir connu, & eſperans le ſecours de ſes prieres dans le Ciel.

Pluſieurs perſonnes tres-nobles & illuſtres (des Princeſſes meſmes) baiſoient ſes pieds, & coupoient ſa robe,

auec la veneration qu'on peut defe-
rer à ceux lefquels apres vne vie con-
fommée en vertus, & vne mort glo-
rieufe en merites, font pieufement
eftimez heureux pour jamais : Et il
femble que ces ames deuotes baifans
les pieds de ce fainct Religieux auec
admiration de leur beauté, recon-
noiffoient que la loüange donnée
par le fainct Efprit aux Euangeliftes
de la Paix en ces parolles, *quam fpe-*
ciofi pedes Euangelizantium Pacem, luy
appartenoit iuftement, ayant efté
vn parfait zelateur & folliciteur de
cette diuine & precieufe perle dont
l'efclat rejallit du Throfne de Dieu
fur les Anges & fur les gens de bien.

Toutes ces circonftances (fans prejudice des autres qui fe manifefte-
ront auec le temps) d'vne vie inno-
cente en fon enfance, ardente & feruente en fa jeuneffe ; fimple & pure
à l'aage viril, fainate & exemplaire

en la vieilleſſe, pleine de jours & de
bonnes œuures ſur ſon declin, con-
ſtante & perſeuerante au treſpas: bonne dans le monde, tres-parfaite en la
Religion, ſingulierement edificati-
ue en la Cour; Ne ſont elles pas tres-
puiſſantes pour le mettre au rang des
illuſtres & parfaits Religieux Courtiſans, combler ſa memoire de benedictions eternelles, comme ayant
eſté l'vn des Iuſtes, dont le S. Eſprit
parle au 4, Chapitre des Prouerbes,
leſquels adjouſtent touſiours de nouueaux luſtres à leurs vertus, dés qu'ils
les embraſſent iuſqu'au iour parfait
de l'eternité, ainſi que la lumiere
croiſt & augmente depuis l'aurore
iuſqu'au plus fort du iour? Car encor que dans ce preſent abregé de ſa
vie, il ne ſoit fait mention ouuerte-
ment de miracles, pour les raiſons
couchées dans l'Epiſtre dedicatoire:
toutefois, ſi on examine auec attention

tion plufieurs chofes cy-deffus rap-
portées , & fpecialement la continuation & perfeuerance des vertus
heroïques qu'il a pratiquée fans in-
terruption le long de fa vie ; on y re-
cognoiftra des effects plus furnaturels que naturels , tant pour l'excellence que pour la rareté.

Encore donc qu'il ne nous foit pas
permis de l'honorer publiquement
comme Sainct, à caufe que l'Eglife
ne l'ordonne ny ne le declare point:
neantmoins ceux qui ont experimenté la candeur de fon ame, par la
fincerité de fes mœurs & pureté de
fes actions, peuuent tefmoigner de
luy ce que la bouche d'or S. Chryfo-
ftome a efcrit des anciens Moines ;
Sçauoir qu'il n'eft pas mort proprement parlant ; mais qu'il a fait vn ef-
change glorieux des miferes paffage-
res de ce monde, aux douceurs eternelles de l'autre vie.

M

Et si autrefois le grand S. Gregoire au Liure 2. de ses Dialogues Chap. 36. tiroit l'vn des plus puissants arguments de la Saincteté de l'illustre Patriarche S. Benoist, de ce qu'il a vescu, ainsi qu'il a escrit en sa Reigle toute pleine de belles instructions, qui conduisent l'ame au comble de la perfection.

On ne fera qu'imiter ce S. Docteur de l'Eglise, si on infere le bon-heur de ce Venerable Religieux dans le Ciel, par la conformité de sa vie auec la belle & salutaire doctrine qu'il a escrit en ses Liures mentionnez cy-dessus. De plus, si en iceux il a enseigné la Guide de l'ame pour le Ciel, & le chemin des justes pour le Paradis; c'est vne consequence certaine, qu'ayent fait ce qu'il a enseigné, il est maintenant au bout de la carriere, & jouït heureusement du terme ou aboutit le susdit chemin qu'il a tracé & suiuy.

Or perſonne ne peut nier la grande conformité de ſa vie auec ſes eſ-
crits, à moins de n'auoir veu ny l'vne
ne ny les autres, ou bien de vouloir
oſter la lumiere au Soleil en ſon
plain Midy.

C'eſt pour cela qu'il diſoit ſouuent :
Beatus qui legens ſcripturas, verba con-
uertit in opera ; Heureux celuy-là lequel liſant les ſainctes Eſcritures,
change ſes paroles en actions, &
fait comme il parle.

En vn mot, ſi de toutes les aſſeu-
rances qu'on peut auoir de l'eſtat
d'vne ame ſortant du monde; il n'y
en a point d'autres que celle de la
bonne ou mauuaiſemort (ſi ce n'eſt
par des reuelations extraordinaires.)
Ce Venerable Pere ayant finy ſes
iours en la perſeuerance des grandes
& heroïques vertus d'humilité, de
pauureté, de charité, de patience, &
de reſignation entiere à la volonté

de Dieu, ne doit-on point inferer
moralement parlant, & chrestienne-
ment jugeant, qu'il est maintenant
enrollé au nombre des Bien-heureux,
suiuant la parole de Dieu, laquelle
porte, que quiconque perseuerera
jusqu'à la fin, sera sauué?

Et si le Sauueur du monde cano-
niza & publia la sainteté de son Pre-
curseur, non par les miracles, mais
par le mespris qu'il faisoit des grandeurs & honneurs du môde, & par la
constance de ses entreprises dans les
deserts. N'est-ce pas auec raisô, qu'on
peut croire heureux maintenant celuy, lequel au milieu de la Cour, parmy le velours, le satin, & le plus brillant esclat des habits mondains, s'est
contenté de vestemens aussi vils &
abiects, que s'il eut esté dans les deserts; Celuy dis-ie, qui pouuoit changer de vie, laisser les mortifications,
les jeusnes, les penitences & austeri-

rez , & viure non en pauure Religieux , mais en courtifan; eſt toutefois demeuré ineſbranlable, ferme &
conſtât en la vie parfaite & exemplaire qu'il auoit embraſſée dés ſon bas
âge? de ſorte qu'encor bien que l'o-
beiſſance luy ait fait changer de païs,
de charge & de condition, il a neantmoins touſiours eſté le meſme, quant
à la diſcipline reguliere , & à l'exacte
obſeruation de ſa Reigle, laquelle eſt
ſuffiſante pour la canonization d'vn
Sainct, ſelon la penſée du Pape Sixte
V. parlant de S. Didace, dont on
rendoit pour lors teſmoignage en ce
ſujet? partant,

Et pour conclure ſi le commencement de l'autre vie tire ſon bon-heur
du dernier moment de celle-cy? par
la ſainteté apparéte bien examinée &
conſommée de ce parfait Religieux;
on peut tenir pour certaine la felicité
de ſon ame; & la gloire dont Dieu

M iij

couronne maintenant ſes merit-
dans le Paradis, & qu'il prie Dieu
particulierement pour ſes amis.

REFLECTION MORALE.

*Conſideres (ô mon Ame) que le bon-
heur de ton ſalut depend de la perſeuerance des bonnes œuures, & que toutes
les ſouffrances, mortifications, & ſaints
exercices de ta vie, ſont ſteriles & infru-
ctueux ſans le couronnement de la perſeuerance: rentre donc en toy, & penſe auec
autant de ſincerité que de jugement, combien il t'importe d'employer l'eſtendue de tes
forces pour la rechercher. A la verité elle
n'eſt point abſolument en ton pouuoir comme vne choſe deüe condignement, c'eſt à
dire (par droit de iuſtice à tes merites) quoy
que tu ſois en grace; car encor qu'en cet eſtat
tu puiſſe meriter la vie eternelle, les graces
actuelles, le ſurcroiſt de l'habituelle, la re-
laxation des peines, & les biens temporels;
toutefois, tu ne peux meriter la perſeuerâce;*

& d'autant que Dieu ne s'est point engagé
par promesse de te la donner ; outre que si
cela estoit, tu serois confirmée en grace auant
la mort, & non dans le danger de ta perte ;
ce que Dieu n'octroye que tres-rarement en
cette vie, mais il s'en est reserué la commu-
nication volontaire & gratuite, afin que
tu recognoisse l'obligation que tu luy en as,
& que tu luy demande auec crainte &
amour ce grand & special don ; disant
(comme enseignent les sacrez Conciles
d'Orange, & de Trente, Sess. 6. Can.
22. par ces diunes paroles de IESVS-
CHRIST, Seigneur, ne permettez
point que ie succombe dans les tentations,
& ne nos inducas intentationem ;
Faites, ô Seigneur, que vostre main soit
sur vostre creature, à laquelle vous auez
desia communiqué tant de graces, fiat ma-
nus tua super virum dexteræ tuæ,
vous auez par vostre pure bonté versé dans
moy les premieres graces, pour me r'appeller
à vous ; les secondes pour me sanctifier (si

i'ay ce bon-heur) ne me fruſtrez pas, ò
mon Dieu, de mes eſperances fondées ſur le
merite de voſtre Mort & Paſſion, & ſur
voſtre miſericorde; & puis que toutes vos
œures ſont parfaites, & qu'auez commencé dés ma tendre jeuneſſe, continué en
mon adoleſcence, & en la ſuite de mes années iuſques à l'heure preſente, de me combler de vos graces, ne me delaiſſez point
doreſnauant, afin que voſtre Ouurage ſoit
parfaite en moy, & que ie loüe à iamais
voſtre Bonté, m'y ſentant d'autant plus
obligée que vos miſericordes s'eſtendent ſur
moy auec plus d'abondance; Ie ne ſçay ſi ie
ſuis digne de voſtre amour ou de voſtre haine, mais quand vous m'auriez reuelé le
premier, ie deurois en craindre & appre-
hender la cheute & la diſgrace, tant à cauſe que l'aſſeurance de mon bon-heur depend
de voſtre Bonté, & que ſans me faire iniure, vous pourriez me laiſſer perir, comme
auſſi à raiſon de ma foibleſſe; car la grace
ſanctifiante ne fortifie point entierement la

nature, & ne luy oste point l'ignorance ny
la rebellion de l'appetit ; c'est pourquoy elle
doit estre secondée des graces actuelles, pour
l'exciter, esclairer, aider & fortifier aux
sainctes pensées, bons desirs, & à la pratique des actions surnaturelles dignes de la
vie eternelle, pour vaincre les grandes tentations, & oster les obstacles des saints
exercices. Or toutes ces graces, puis qu'elles
sont graces, dependent purement de vostre
liberalité, & particulierement la finale en
laquelle ie dois mourir pour estre sauuée ;
partant il faut que ie redoute tousiours les
ressorts secrets de vos Iugements, & reco-
gnoissant mon infirmité, que ie me prosterne
aux pieds de vostre misericorde, pour implorer continuellement le secours de vostre bras
tout-puissant, par le moyen duquel ie puisse perseuerer. C'est (ô mon ame) en quoy tu
imiteras le tres-parfait & illustre Religieux le Pere François Fernandez, lequel
a perseueré l'espace de quatre-vingts quatre
ans en ces humbles & pieux sentimēs ; s'at-

tribuant fouuent ces paroles de la fainɕte
Efcriture; Mifericordiæ Domini quia
non fumus confumpti. Hieremiæ 3.
cap.yo foy deudor à la infinita mifericordia
de Dios, deque no foy confumido; Ie fu's
obligé infiniment à la grande mifericorde
de Dieu, de ce que ie ne fuis point confom-
mé, Adiuua me Domine & faluus
ero, *Ayude me à mi Señor y yo feré fal-*
uado; *Aidez-moy, Seigneur, & ie feray*
fauué.

En cette pensée Chreftienne & Catho-
lique, ce vertueux Religieux a vaincu glo-
rieusement les tentations violentes du De-
mon, & s'eft garanty du naufrage peril-
leux de la vaine gloire, & du defefpoir les
derniers iours de fa vie. Ce qui doit donner
des indices & des preuues affez pieufes
pour croire que fa perfeuerance eft couron-
née de gloire immortelle dans le Ciel auec
les bien-heureux, & peut feruir d'exem-
ple aux ames qui afpirent à l'eternité auec
vne foy viue & deuotion veritable; fans

fard & hypocrisie: Dieu te la donne, ô ma
chere ame! auec le comble de ses graces, &
benedictions; les moyens qui s'ensuiuent
te pouront beaucoup aider auant la mort,
pour obtenir la perseuerance, & vne fin
heureuse de ta vie; comme elles ont faites
à ce deuot Religieux.

CHAPITRE X.

Les moyens d'assister vn malade à bien
mourir; la vertu des Croix & des grains
de la Mere Louise de Carrion, la sain-
cteté de sa Vie iustifiée.

C'Est vne action non moins meritoire que charitable & agreable à Dieu, d'assister le Chrestien à
bien mourir; mais vne grande prudence y est requise, pour sçauoir se
comporter differemment selon la
difference des personnes, des hu-

meurs, & des esprits.

Premierement, lors que le malade a l'vsage du jugement, de la langue, & des sens, il faut l'aider & consoler auec les susdites prieres & exercices, mais doucement & auec grande discretion, prenant garde de ne le pas tourmenter ny importuner, sans toutefois le laisser trop assoupir & endormir, d'autant que souuent l'assoupissement est vne ruse du Demon, pour empescher que le Chrestien meure auec la grace finale; quoi que quelquefois cela prouienne de la grande debilité de la nature.

Secondement, il faut interroger le malade, s'il s'est resigné à la volonté de Dieu, & s'il a donné ordre à ses affaires spirituelles & temporelles; & s'il s'est oublié; il doit y prendre garde, faisant ce que le sainct Esprit luy suggere par l'organe de son Directeur: & sur tout, les articles marquez au septiesme Chapitre de ce present Liure, en la page cent dix-neuf, sont de tres-grande importance.

Tiercement; il faut le consoler & fortifier en ses souffrances, par des raisons plausibles, mais fortes & conuaincantes, comme celles de l'Apostre S. Paul, en son Epistre aux Hebreux Chapitre douziesme; sçauoir, par l'exemple generalle de tous les predestinez, dont la saincte Escriture fait mention dans l'ancien & nouueau Testament, particulierement par celuy de IESVS-CHRIST, autheur & consommateur de la Foy; lequel a mesprisé la mort, & souffert le gibet pour sauuer les hommes: Que si le malade fait comparaison de ses maux auec ceux de IESVS-CHRIST ou des saincts Martyrs, il cognoistra facilement qu'il n'endure pas tant qu'ont fait son doux IESVS, & ceux

qui l'ont faintement imité, puis qu'il
n'a pas encor efpanché fon fang, &
perdu la vie pour la defenfe de la Foy
& de l'honneur de Dieu, comme ont
fait ces valeureux Champions.

De plus, les afflictions font des
marques de l'amour de Dieu, lequel
chaftie ceux qu'il aime, comme fait
le bon pere fes enfans, de peur qu'ils
fe perdent par le libertinage, ou pour
les dreffer à la vertu auec plus de perfection.

Dauantage, fi le vray enfant porte
fur fon front le caractere de fon pere
& la fympathie de fes affections en
fon cœur : celuy là pourra juftement
s'eftimer heureux enfant de IESVS-
CHRIST, lequel fera caracterifé de
fes marques, qui font les fouffrances,
& fe plaira à vouloir ce que fon Pere
celefte veut & ordonne, quoy que
difficile En vn mot, fi Dieu & la nature n'accordent rien d'excellent aux

hommes qu'auec de tres - grandes
peines, ainſi qu'il eſt aiſé de juger par
l'experience de toutes choſes? Com-
ment peut on pretendre au Paradis,
qui eſt la choſe la plus haute & la
plus eminente qu'on ſçauroit ſouhaiter; ſi ce n'eſt par le chemin royal
des trauaux?

Finalement, les douleurs purgent,
ſanctifient & glorifient, priſes auec
patience, & appuyées ſur le ſang de
IESVS-CHRIST, outre qu'elles du-
rent peu de temps, & les recompen-
ſes ſont pour touſiours.

Partant, le malade doit prendre
courage, enuiſageant non les choſes
preſentes qui ne font que paſſer, mais
les futures qui ne periront iamais.

En quatrieſme lieu, il eſt à propos
d'exhorter le malade, qu'il ait recours au Ciel, par la faueur des ſaincts
qu'il a inuoqué durant la ſanté, &
d'autant que le ſainct Sacrifice de la

Meſſe a ſa vertu infallible de ſoy, & non la priere de l'homme, laquelle ſouuent eſt infructueuſe pour les defauts qui s'y rencontrent.

C'eſt vne penſée tres-pieuſe de celebrer ou faire celebrer quelques Meſſes dans les aduerſitez ou maladies.

Noſtre parfait Religieux pratiquoit cette ſainĉte action en ſes beſoins, & en ceux de ſes amis, & a declaré auoir pluſieurs fois reſſenty des effects admirables, celebrant ou faiſāt celebrer les Meſſes qui s'enſuiuḗt.

Premierement, quinze à l'honneur des ſacrées playes de noſtre Seigneur, appliquées pour la déliurance des ames de Purgatoire, tous les iours vne baſſe, excepté celle qui échoit le Vendredy l'eſpace de quinze iours, auec memoire des defunts, des affligez, diſant l'Oraiſon *Deus qui iuſtificas impium*, & celle de S. Gregoire.　　Item,

Item, neuf à l'honneur de la Vierge MARIE, de son immaculée Conception, de sa Natiuité, de sa Presentation au Temple, de son Annonciation, de sa Visitation, de son Enfantement, de sa Purification, de son Assomption, & de ses douleurs; recommandant particulierement la necessité presente, & faisant memoire des Trespassez, de saincte Catherine, de saincte Barbe, & des affligez, *Deus qui iustificas impium, &c.*

Item, trois autres à l'honneur des trois Natiuitez; sçauoir, de Nostre Seigneur, de la Vierge MARIE, & de S. Iean Baptiste, auec memoire de la Conception de la Vierge MARIE, des Defuncts, & des affligez.

Item, vne de S. François, auec memoire de sainct Bonauenture, de S. Antoine de Pade, de S. Bernardin, de S. Louys, de saincte Claire; des defuncts & des affligez.

N

Item, vne de S. Dominique, auec memoire de S. Thomas d'Aquin, de S. Pierre Martyr, de S. Vincent, des defuncts & des affligez.

Item, vne de S. Bonauenture, auec memoire de l'Exaltation de la sainte Croix, des defuncts & des affligez.

La derniere de S. Clement, auec les deux susdites memoires.

En cinquiesme lieu, les Reliques des Saincts, les Medailles & Images benites, peuuent aussi beaucoup contribuer à la consolation des malades, suiuant leurs vertus & benedictions.

Nostre tres deuot Religieux le Pere Fernandez adjoustoit vne grande foy aux Croix, Chapelets & grains de la Mere Louyse de Carrion la Penitente ; dont la vertu s'ensuit cyapres, selon la teneur d'vn billet qui s'est trouué entre les papiers de ce S. Directeur apres sa mort.

Les graces que Dieu a octroyées aux Croix, Chapelets, grains & images que la Mere Louyse sa fidele seruante distribuoit.

I.   Contre le feu & l'eau.

II.   Contre la peste & autres maladies dangereuses.

III.   Contre les demons & leurs ten-
rations.

IV.   Pour obtenir la ferueur d'O-
raison.

V.   Pour la contrition & penitence.

VI.   Pour preseruer du peché, &
en retirer.

VII.   Pour ne mourir en peché
mortel.

VIII.   Elles ont les mesmes graces
que celles de saincte Ieanne.

IX.   Et celles de l'*Agnus Dei*, dont
la vertu est fort vtile contre les

foudres & tonnerres, pour la deliurance des dangers sur mer & sur
terre, & aux femmes grosses en leurs
couches, contre le peché, contre
les tentations du malin esprit, &
contre les ennemis & la mort subi-
te.

Il est composé de cire vierge, de
baulme & de cresme.

Or encor que ces susdites graces
ne soient choses appartenantes à la
Foy pour obliger les Chrestiens d'y
donner creance, elles sont toutefois
pieuses & vtiles à ceux qui veulent
s'en seruir, ainsi que plusieurs ont
experimenté. Mais d'autant que l'enuie du Demon s'est seruy de la malice
des hommes, pour s'efforcer de ternir
& noircir la saincteté de cette susdite
bien-heureuse Mere Louise; on verra
àpres ce discours l'estat de la justifica-
tion de son innocence, suiuant l'ordre que m'en a laissé mon tres-hono-

ré Pere, son susdit Confesseur auant
sa mort.

En dernier lieu , les actes d'a-
mour de Dieu , de contrition , de
confesion de foy , de confiance en la
misericorde de Dieu , de resignation
à sa Diuine volonté , sont alors tres-
vtiles, repetant souuent ces mots qui
suiuent ou autres semblables, IESV ,
soyez-moy I E S V S , c'est à dire Sauueur , esclairez-moy , & me fortifiez;
Iettez les yeux sur voftre bonté , &
sur vos souffrances , & non sur mes
pechez; n'entrez point en jugement
contre voftre pauure seruiteur , & ne
me reprenez point en voftre colere :
Ayez pitié de moy selon voftre grande misericorde , puis que ie me suis
confié toufiours en vous , & me suis
estudié de vous seruir; quoy que i'aye
commis de tres-grandes negligences,
mais comme ie crois fermement que
voftre clemence n'eft point épuisée,

N iij

i'espere que vous ferez plus misericor-
dieux que ie ne suis grand pecheur; partant aydez moy par vostre grace, & me sauuez, afin que ie vous loüe & adore eternellement auec tous les Bien-heureux.

Quand le malade ne parle ny n'entend plus; il est tres à propos qu'il y ait tousiours quelqu'vn proche de son lict qui prie pour luy; recitant les susdites prieres ou autres, comme le Symbole des Apostres, & de sainct Athanase, le *Miserere; In te Domine speraui; Deus Deus meus respice in me; Ad te Domine leuaui animam meam:* Les sept Pseaumes, les Litanies de la Vierge, & des Saincts; les Oraisons contenuës dans le Breuiaire Romain; & de temps en temps ietter de l'eau beniste sur le lict & sur l'agonisant, disant ces mots, *Asperges me; & exurgat Deus & dissipentur inimici eius; & fugiam qui oderunt eum à facie eius;* Il

faut auſſi appliquer ſur la bouche de
l'agoniſant la Croix, diſant, *Adora-*
mus te Chriſte. Si l'agonie dure long-
temps, il faut reciter la Paſſion de noſtre Seigneur, & quelques autres oraiſons; de ſorte que tout le temps de
l'agonie, le malade ne ſoit ſans ſecours de prieres; parce qu'il peut arriuer que la connoiſſance & le iugement retournent pour vn moment
ou plus; & alors il eſt tres-important
qu'il enrende des choſes ſainctes
pour empeſcher que le demon ait pri-
ſe ſur l'ame, car c'eſt vne verité chreſtienne, qu'il fait alors ſes efforts pour
la ſurprendre, & l'amener en ſon
pays infernal où elle ne voudroit
point aller: *certum eſt, quoniam diabo-*
lus inſiatur tibi, vt rapiat animam tuam
de corpore egredientem, dit le deuot S.
Bernard, chap. 7. *de mortis meditatio-*
ne. Sur tout il faut parler de l'eſperance que le moribond doit auoir en

Dieu, parce qu'il eſt fidel, & n'aban-
donne point ceux qui ſe confient en
ſa miſericorde.

L'innocence & ſainÖteté de la Mere Louiſe, juſtifiée.

Il faut auoüer franchement que
les trauaux & afflictions ſont ſi contraires à la nature de l'homme, & ſi
communs à la vertu chreſtienne, que
ſi la foibleſſe humaine n'eſtoit ap-
puyée & releuée par les lumieres de la
foy & de l'eſperance, qui luy propo-
ſent vne vie meilleure à l'auenir que
la preſente, & vne douceur plus char-
mante ſans comparaiſon en celle-là,
que la rigueur de celle-cy n'eſt odieuſe & ennuyeuſe. Il ſeroit bien difficile & impoſſible moralement de viure
parmy les hommes, profeſſant la vie
chreſtienne, attendus les maux, les
perſecutions & calomnies, qui l'ac-

compagnent inseparablement , suiuant l'arrest definitif, & le decret infallible donné de toute eternité dans
le sacré conclaue de la tres saincte
Trinité , & publié sous le nom du
Pere Eternel , lequel porte que tous
les enfans adoptifs du Paradis doiuent
estre conformes à l'image du Verbe
incarné son fils vnique dans les souffrances , non également, mais à pro-
portion , chacun selon sa vocation &
profession. C'est pour ce sujet que le
Sauueur preschoit, que pour aller
a pres luy au Ciel, il falloit le suiure
icy bas en terre & porter la Croix auec
luy , à faute dequoy on ne pouuoit
pretendre à la jouyssance de sa chere
presence. Si bien que les marques du
bon-heur des vrais enfans de Dieu,
& coheritiers de IESVS-CHRIST,
sont les persecutions, maledictions,
calomnies , & toutes sortes d'impo-

stures & médisances qu'ils doiuent souffrir en bien-faisant. C'est ce que le Docteur des Gentils, parfait imitateur du Fils de Dieu consideroit; car sçachant que les liens, les cachots, & les persecutions luy estoient preparez à Hierusalem, s'il y portoit la lumiere de la Foy, il ne laissa pas d'y aller, n'estimant à rien la vie de ce monde, pourueu qu'il gagnast l'autre, par quelque genre de trauaux que ce fust. Ce grand Apostre tesmoignoit en cela estre bien persuadé de l'infaillibilité des parolles de son Maistre, par lesquelles il promet aux gens de bien des couronnes de gloire immortelle pour les souffrances passageres d'vn moment; & qu'apres le temps & l'exercice de la patience il fera connoistre la sincerité de leur procedé, la candeur de leurs ames, la pureté de leurs intentions, & l'innocence de

leur vie : côme au contraire, la cruau-
té & la rage, la malice & la perfidie
de leurs persecuteurs & calomniateurs seront descouuertes auec honte
& infamie, punies & chastiées auec
rigueur & sans misericorde.

Car Dieu est si fidele en ses promesses, que les Iustes en reconnoissent
plustost les effects qu'ils ne les luy de-
mandent ; d'où vient que s'ils se con-
tentent de les ressentir apres cette vie,
méprisans les biens & honneurs de la
terre auec ses vaines douceurs, Dieu
toutefois préuient & veut (quand il le
juge necessaire) qu'on connoisse la
verité de leurs vertus & la fausseté de
leurs ennemis, faisant pour cet effet
des choses prodigieuses, comme il est
arriué à la personne de la Bien-heureuse Mere Louyse de Carrion, ainsi
qu'il conste par les fideles tesmoigna-
ges tirez de diuerses Lettres escrites

par perſonnes dignes de foy à noſtre
ſuſdit venerable & parfait Religieux
le Pere Fernandez, lequel a ſouhaité
& recommandé auec paſſion auant
mourir qu'on les mit en lumiere : Et
d'autant que toutes celles qu'il auoit,
ne m'ont eſté miſes és mains, ie cou-
cheray en peu de mots ce que j'en ay
pû recueillir, afin que ceux qui ont
eu quelque deuotion & affection
pour cette ſaincte Religieuſe, & ont
de ſes Croix, Chapelets ou grains, ne
ſe refroidiſſent, mais continuent &
augmentent de plus en plus à l'eſti-
mer & honorer ſa memoire; & qu'auſſi
les calomniateurs & médiſans attachent vn cadenat à leurs bouches
puantes, lient & retiennent leurs langues venimeuſes, n'ouurant celles-là
& ne déliant celles-cy que pour loüer
Dieu, & adorer les effets prodigieux
de ſes graces en ſes fidels ſeruiteurs &
ſeruantes.

Ie dis donc que pour comble d'vne
saincte vie de soixante & quinze ans;
Dieu a voulu esprouuer la constance
de sa fidelle seruante, & purifier son
ame en cette vie, permettant qu'elle
fut persecutée & calomniée par ses
plus proches de magie & de sortile-
ge, que l'inquisition se soit saisie de
sa personne, comme criminelle de
leze-Majesté Diuine, l'ait enleué de
son Monastere, & mené à quatorze
lieuës loin à la ville de Valladolid, &
mise comme en garde ou en depost
en vn Monastere de different Ordre:
sçauoir, de Religieuses reformées de
S. Augustin. Mais dautant que les
crimes dont on l'a voulu calomnier
estoient par trop enormes, & son
innocence trop grande, Dieu a fait
paroistre des effets prodigieux de sa
Prouidence & protection extraordinaire en son endroit, non pour l'af-

franchir des trauaux de cette vie, mais pour donner plus d'esclat à ses vertus & merites.

Premierement , il luy a reuelé sa persecution auec les circonstances.

Secondement , au temps qu'on l'enleua de son Monastere ; il fit voir à plus de vingt lieuës aux enuirons vne colomne de feu auec trois couronnes sur son Monastere.

Tiercement, lors qu'on l'emmena de Carrion à Valladolit ; il preserua de mort & de blessure plusieurs personnes sur lesquelles le carosse où elle estoit roula, pour la presse & la foulle des peuples qui la suiuoient auec regret & sanglots.

Quatriesmement il donna à sa faueur le laict à vne nourrice pour la nourriture de son enfant, laquelle n'auoit pû en auoir auparauant par aucun moyen.

Il deliura vne autre de son fruict pourry depuis huict iours dans son ventre.

Il remplit vne maison de clarté miraculeuse, pour obliger vne femme de retirer du feu les grains benists de cette saincte, lesquelles elle y auoit ietté par mespris de sa vertu, à cause qu'elle la voyoit prisonniere.

Cinquiesmement, quand on luy donna le viatique, il s'apparut à elle à la veuë des Religieuses, assis dans vn throsne royal accôpagné d'vn grand nombre d'Anges, luy mettant vne belle couronne sur la teste. Mourant, elle dit adieu à toutes les Religieuses, disant qu'elle alloit voir Dieu, & son visage demeura beau, & brillant. Peu de temps auparauant mourir, elle s'apparut à vne malade abandonnée des Medecins, l'asseurant de la santé & guarison.

Apres ſa mort, elle s'apparut encore à vne femme enceinte accablée
ſous le faix d'vne maiſon, luy faiſant
produire ſon enfant au dehors , luy
donnant entre les bras , & l'aſſeurant
que bien toſt elle ſeroit ſoulagée de
ce peſant fardeau, comme il arriua.
Pour abbreger; le nombre des miracles que la diuine puiſſance a operé
afin de faire connoiſtre la ſainteté de
ſa vie contre la calomnie de ſes ennemis eſt ſans nóbre à cauſe de la grande multitude. Mais il y en a cinq cens
qui conſtent par informations au-
thentiques de l'Inquiſition d'Eſpa-
gne,faites dans les Royaumes & Pro-
uinces, par des plus vertueux , plus
doctes & plus nobles du pays, & auec
teſmoignages irrefragables : Ses propres ennemis qui l'auoient calomnié
ſe ſont condamnez , & l'ont juſti-
fié d'autres qui ſe ſont opiniaſtré

par

par honte, ont peri malheureuſe-
ment;les vns dans l'Inquiſition,& les
autres dans les diſgraces de leur plus
haute fortune. Les Religieuſes entre les mains deſquelles elle a eſté
miſe en depoſt, pour teſmoigner de
ſa façon de viure, interrogées apres
ſa mort juridiquement par l'Eueſque
du lieu, ont depoſé que l'aliment
qu'elle auoit pris l'eſpace de quatre
ans, eſtoit à la verité plus que celuy
des Anges, mais non pas ſuffiſant na-
tutellement pour l'entretien de la
vie humaine : Que la rareté de ſes
vertus paſſoit le diſcours, & les auoit
comblé d'admiration : Qu'elles la
croyoient vne grande Saincte dans
le Paradis, ſelon les conditions &
qualitez que l'Egliſe enſeigne eſtre
neceſſaires.

Cette depoſition authentique obligea l'Eueſque de mettre ſon corps en

O

depost dans vne biere, en vne petite
caue du Chœur des sufdites Reli-
gieufes Auguftines de Valladolith,
auec ces mots de la fainéte Efcriture;
Dominus illuminabit abfcondita tene-
brarum, &c. C'eft à dire : Vn iour le
Seigneur efclairera & fera voir au
iour les chofes qui font maintenant
cachées dans les tenebres.   Sa mort
arriua le Mardy 28. d'Octobre, au
poinét du iour, 1636. Toutes les informations neceffaires à fa beàtifica-
tion, font authentiquement faites, &
Dieu opere continuellemét quantité
de miracles en vertu des Croix, Chapelets & grains qu'elle a diftribuez.

Partant, à iufte raifon, noftre tres-
deuot & parfait Religieux, direéteur
de confcience d'vne Ame fi faincte,
a eftimé & veneré fes Croix & grains
pour en auoir defcouuert la pure verité, & reffenty les prodigieux effets:

Auſſi pouuons-nous iuſtement croire, qu'apres vne vie ſi pleine de vertus & de ſi ſainctes actions, il jouït
auec elle de la preſence de Dieu pour
l'Eternité ; comme ſi pour le peu
de temps qui nous reſte en cette va-
lée de miſere, nous les imitons, nous
deuons pieuſement eſperer de les
voir comblez de gloire, participans
à leur bon-heur, loüans la Diuine
Majeſté. & luy rendans des actions
de graces immortelles. Ainſi ſoit-il.

F I N.